GESTÃO LEAN e ÁGIL

de projetos

Inclui exercícios e casos reais

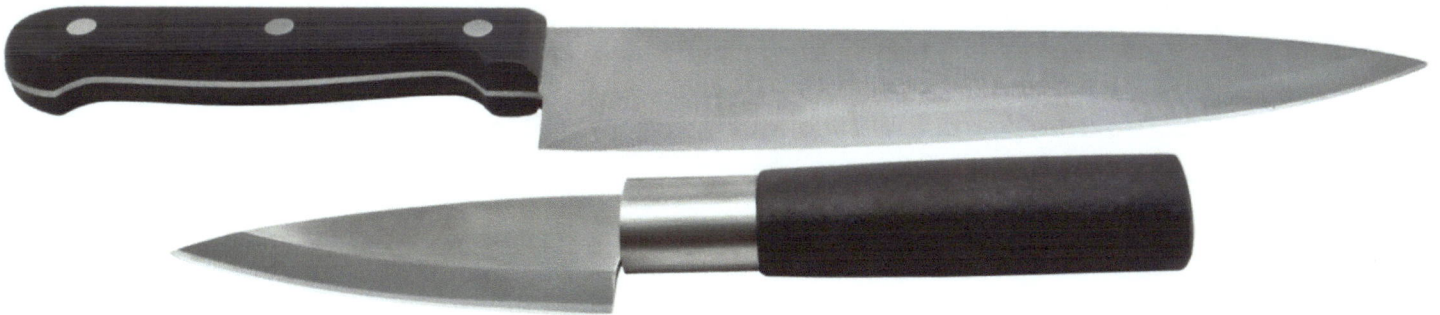

pablolledó
projectManagement

Dados de catalogação bibliográfica
Pablo Lledó
Gestão Lean e Ágil de Projetos
2nd ed. - Estados Unidos: o autor, 2016.
186 p. ; 28x22 cm.

ISBN-13: 978-0-9864096-7-7

1. Administração. 2. Gestão.

Edição: Paul Lledó
Tradução: Moises Luna e Leandro Rezende

Fotos e Imagens
Capa © Samanta Gallego
Figuras © Paul Leido
Telas © @Risk em Anexo A
Telas © Ms Project em Anexo

Anexo B: Cecilia Boggi
Anexo C: Esteban Zuttion

Versão 2.3

Dedicado à Marcela, Máximo, Martín e Salvador

Índice

Sobre o Autor

Mestre em Ciência em Avaliação de Projetos, Finanças e Investimento, da Universidade de York.

PMP®, Project Management Institute, USA.

MBA em Gestão de Projetos, na Universidade Francisco de Vitoria.

MBA em Negócios Internacionais, Universidade de Lleida.

Licenciado em Economia, Universidade Nacional de Cuyo.

Professor Internacional distinguido em Project Management.

PMI Distinguished Contribution Award 2012.

Autor de 8 livros sobre Gerenciamento de Projetos.

Fundador e Presidente de 4 empresas em andamento.

Capacitação e Consultoria oferecido em mais de 20 países para mais de 15.000 executivos de empresas internacionais.

Se você tiver adquirido legalmente este livro, você pode me contatar para qualquer pergunta ou comentário em:

pl@pablolledo.com

LinkedIn / Twitter / Youtube @pablolledo

www.pablolledo.com

Se você obteve este livro PDF sem tê-lo comprado, você pode adquiri-lo a partir do site www.pablolledo.com por US$8.94. Contribua para a sua ética profissional.

FUNDACION CONIN
COOPERADORA PARA LA NUTRICIÓN INFANTIL

10% das vendas deste livro PDF é doado à Fundação CONIN, criada pelo Dr. Abel Albino, onde trabalham para acabar com a desnutrição infantil.

Tradutores

Moisés Luna é professional certificado em gerenciamento de projetos (PMP), mestrando em administração e especialista em gerenciamento de projetos. Como profissional de projetos, atua nas áreas de educação e consultoria. Tem se dedicado ao seu programa de treinamento de profissionais para a certificação PMP e CAPM, o YouPM (youpm.com.br). Moisés participou do *Leadership Institute Master Class*, um programa de liderança do PMI e é presidente do PMI Minas Gerais.

Leandro Rezende é mestrando em Administração – Gestão Organizacional pela Universidade Federal de Uberlândia, pós-graduado em Gestão Empresarial pela FGV e bacharel em Ciência da Computação pela UNITRI. Certificado PMP e voluntário pelo PMI-MG desde 2009 atuando como coordenador da regional Triângulo Mineiro sendo responsável pelo projeto de formalização de Branchs em Minas Gerais junto ao PMI-Global. Diretor de Interiorização e Alianças pelo PMI-MG, além de consultor em gerenciamento de projetos e professor convidado em instituições de ensino como FGV, Pitágoras, UNIRAXA e UNIUBE.

* * * * *

Prólogo

O meu ex-aluno, Pablo Lledó, é um dos jovens autores com maior potencial na área de projeto e definitivamente é meu colega e amigo.

Estamos sempre surpresos com sua inesgotável capacidade de investigar e publicar material novo e interessante com cada um de seus livros.

Este livro fornece gerenciamento ágil de projetos como uma forma de aumentar a eficiência na gestão de projetos. A abordagem é baseada em dois conceitos básicos: valor e desperdício. Sendo importante maximizar o primeiro é minimizar o último.

Nos capítulos bem organizados, nas guias com explicações claras, muitos exemplos gráficos ilustrativos e o mais importante, com vários casos (histórias) muito interessantes, para esclarecer cada conceito na compreensão de gerenciamento ágil de projetos.

Ao contrário de outros livros sobre gerenciamento de projetos que mergulham no desenvolvimento de PERT, fluxogramas, diagramas de Gantt, etc. (como um dos meus livros), este é um livro fácil de ler que fornece ferramentas eficazes e úteis, ela também ajuda os leitores com seus originais "lições aprendidas" no final de cada capítulo abandonando o típico "Resumo do capítulo" que geralmente não acrescenta qualquer valor.

Quem quiser se especializar em gestão de projeto ou qualquer uma de suas fases; não deve apenas ler, mas constantemente usá-lo como uma fonte permanente de informações.

Nassir Sapag Chain
Engenheiro Comercial, Universidade do Chile
Autor de 20 livros sobre Avaliação de Projetos

MÓDULO I

FILOSOFIAS LEAN E ÁGIL

1 INTRODUÇÃO

Um começo nunca desaparece, mesmo com um final.

HARRY MULISCH (1927-?)
Escritor holandês

- Antes de começar, gostaria de deixar claro que este livro tem as suas origens no pensamento de grandes autores, tais como:

- James P. Womack, Daniel T. Jones y Daniel Roos, "**The Machine that changes the world**"
- Ronald Mascitelli, "**Building a Project Driven Enterprise**"

Depois de ler estes livros que são "best seller" internacionais com princípios Lean, decidimos escrever um livro que inclui conceitos ágeis também e assim nasceu o livro "Lean Project Management", publicado pela Pearson Prentice Hall em 2006.

Vários anos depois, veio este livro "Gestão LEAN e Ágil de Projetos" como uma edição refinada e atualizada do livro escrito em 2006. Esperamos que você goste de lê-lo tanto quanto eu gostei de escrever.

Ao longo do livro, veremos vários casos de aprendizado, tudo real, mas mudando nomes e lugares para proteger a confidencialidade dos envolvidos.

Os principais **recursos** que você vai ter no final deste trabalho são:

1. **Acelerar** projetos..., sem adicionar custos ou reduzir a qualidade.

2. Alcançar **eficiência** na gestão de projetos, através da eliminação de excessos.

Para atingir estes objetivos de "velocidade" e "eficiência" na gestão de projetos, os temas que vamos abordar neste livro será:

- Sucesso e falhas dos projetos
- Evolução de **boas práticas**
- Tipos de **tempos**
- Pensamento **Lean**
- O Manifesto **Ágil**
- **Buracos** de tempo
- **Custos** de transação
- 10 dicas para um **Líder Ágil**

1.1 PROJETO DE SUCESSO

Tanto o fracasso quanto o sucesso são uma questão relativa, tudo depende da definição de padrão que deseja usar para medir um.

Embora as técnicas de gerenciamento de projetos são utilizadas por vários séculos, o surgimento e desenvolvimento de ferramentas específicas começaram a ser aprofundado a partir de 1960.

Na década de **1960**, o sucesso de um projeto foi definido apenas de acordo com a sua **qualidade**. Ou seja, um projeto que atenda aos objetivos de qualidade pré-estabelecido foi definido como bem-sucedido.

Mais tarde, na década de **1980**, um projeto bem-sucedido foi definido quando, além de qualidade, cumprir **prazos e orçamento** de acordo com o plano do projeto.

Como se isso não bastasse, desde **1990**, não é suficiente atender a qualidade, prazos e orçamento para o sucesso de um projeto. Mas, além desses objetivos mínimos, é necessário que o projeto esteja em conformidade com a "**satisfação do cliente**". Qual seria o objetivo um projeto de qualidade excepcional que seja concluído no tempo previsto utilizando os recursos pré-estabelecidos, se ninguém comprar os produtos dessa empresa após a sua conclusão?

Estas quatro características de projeto bem-sucedido também devem adicionar "**sustentabilidade de cuidados**". Quer dizer, não pode ser definido como bem-sucedido um projeto que reuniu parâmetros técnicos de qualidade, cronograma, orçamento e satisfação do cliente, se não fomos capazes de preservar os membros do ambiente ou da equipe durante a implementação do projeto. Por exemplo, se o projeto para atender os parâmetros técnicos foi tão exigente que todos os membros da equipe estavam fisicamente desgastados ou discutindo entre si, certamente não podemos voltar a ter essas pessoas em projetos semelhantes, de modo que a definição de projeto bem-sucedido poderia ser ofuscada.

Portanto, até a data de escrever este livro, podemos dizer que um projeto de **sucesso**, deve cumprir, os seguintes requisitos:

- ✓ **Orçamento**
- ✓ **Prazo**
- ✓ **Qualidade**
- ✓ **Aceitação do cliente**
- ✓ **Sustentabilidade**

 Vídeo - Projeto de sucesso (Espanhol)

1.2 FRACASSOS DE PROJETOS

Existem milhares de fracassos de projetos que não atendem a qualquer um dos parâmetros listados acima. Vejamos apenas alguns exemplos.

A **Opera House** em Sydney é um projeto que a maioria dos australianos são muito orgulhosos, e se eles tivessem a oportunidade, faria isso de novo, porque gera uma boa renda turística. No entanto, do ponto de vista da definição técnica de sucesso, não podemos dizer que foi bem-sucedido, uma vez que de acordo com o orçamento original eles estimaram investir 7 milhões de dólares e o projeto foi concluído com um investimento de 107 milhões de dólares. É claro que este erro de cálculo de 100 milhões de dólares coloca este projeto na lista dos malsucedidos por violação do orçamento.

 Vídeo – Opera House (Espanhol)

O **Eurotúnel** é um dos milhares de projetos que foram incapazes de cumprir o cronograma.

Com base no plano deveria ter sido entregue em 1992, no entanto, eles tiveram um atraso de dois anos, abrindo as suas portas ao público em 1994.

Não só isso, mas também tiveram problemas de orçamento, até porque tempo é dinheiro. Com base em um investimento inicial estimado de 7,5 milhões de dólares, o projeto foi concluído com um investimento de 17,5 milhões de dólares. Esta diferença de 10 milhões de dólares de custo do projeto pode nunca se recuperar.

*Vídeo – **Eurotúnel (Espanhol)***

O **Tacoma Narrow ponte de suspensão**, também chamada "Ponte Galope" por causa de suas fortes ondulações, quando fortes ventos se tornam presentes na área, é um excelente exemplo de fracasso por não cumprir com a qualidade.

Os técnicos estavam preocupados com perfeição cumprindo o cronograma e o orçamento, respeitaram o projeto ao pé da letra sem qualquer inconveniente.

Em relação à qualidade, eles tinham planejado a ponte para suportar ventos de até 193 km por hora. No entanto, um dia que o vento era de apenas 64 km por hora, a ponte começou a sofre ondulações fortes causando a sua destruição por completa. Esta catástrofe ocorreu apenas 4 meses após a sua inauguração oficial em 1940, que pôs fim a terceira maior ponte do mundo naquela época.

Não adianta se preocupar demais com o orçamento e o cronograma, se não atentarmos a qualidade?

Vídeo – Tacoma Bridge (Espanhol)

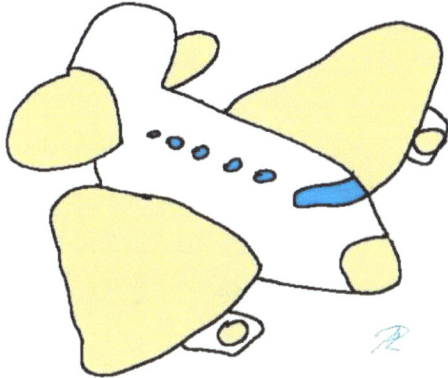

o **Concorde** era um avião projetado para voar mais rápido do que o som.

A tecnologia utilizada foi admirável, o avião fazia a rota Londres – Nova York em pouco menos de 4 horas.

Existe tantos negócios entre essas duas cidades que todos pensavam que seria um grande sucesso comercial.

Por exemplo, um empreendedor que vive em uma dessas cidades, poderia viajar para a outra cidade para uma reunião e voltar para dormir em casa no mesmo dia.

No entanto, o projeto nunca chegou a "**satisfação do cliente**". Para atingir o seu ponto de equilíbrio, a passagem aérea para essa rota teve que ser vendida a um preço mínimo de 8.000 dólares com o avião cheio de passageiros. Aparentemente, eles nunca encontraram número suficiente de pessoas que queriam fazer negócios a um preço tão alto e em outubro de 2003, o projeto fechou suas portas.

Vídeo – Concorde (Espanhol)

Durante o projeto de simulação de corte de energia em **Chernobyl**, em 1986, ocorreu um dos maiores **desastres ambientais** da história.

A explosão da usina nuclear matou 33 pessoas e contaminou pelo menos 600.000 com a radiação nuclear. Até esta data, não está claro quantas mortes podem ser atribuídas a esse grande fracasso do projeto.

Mesmo que o projeto estava sob orçamento e no tempo certo, é claro que este não foi um projeto de desligamento muito bem-sucedido.

1.3 EVOLUCÃO DE BOAS PRÁTICAS

A fim de melhorar a eficiência em projetos, para estar mais próximo daqueles que são bem-sucedidos, em vez dos que não são, o mundo evoluiu em relação as boas práticas.

Se tomarmos como referência os últimos 100 anos, a primeira mudança drástica na forma como os projetos foram geridos começou na década de **1920** com os ensinamentos de Henry Ford e seu modelo de **produção em massa**.

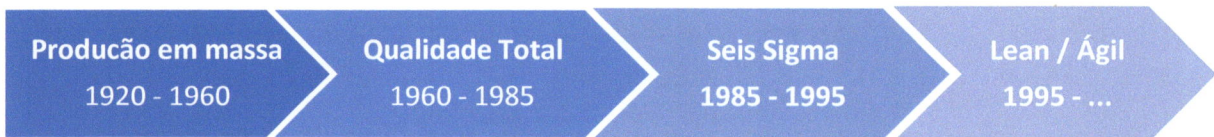

Producão em massa 1920 - 1960	Qualidade Total 1960 - 1985	Seis Sigma 1985 - 1995	Lean / Ágil 1995 - ...

Durante a era "Ford" melhorou muito a eficiência e a produtividade, ordenando os processos de produção com especialização e divisão do trabalho, de modo que cada departamento da empresa se especializa no que sabe fazer melhor. Estes conceitos anteriormente foram ensinados pelo economista norte-americano Frederick Taylor.

Antes da era Taylor / Ford, cada trabalhador era responsável de planejar e executar os seus projetos, com a liberdade de fazer atividades da maneira que entender ser mais conveniente. Eles não foram organizados por áreas de especialização, já que erroneamente pensavam que a pessoa responsável ou o chefe sabia fazer as coisas muito melhores do que a soma combinada dos seus subordinados.

Atualmente, vários dos conceitos de produção em massa dos anos 20 ainda estão profundamente enraizados em algumas empresas, que mantêm **departamentos funcionais** rígidos na gestão dos seus projetos.

Administração Geral

Engenharia — Produção — Marketing

A outra mudança ocorre aproximadamente em **1960**, quando as pessoas começam a prestar muito mais atenção para os processos de gestão da qualidade do projeto. A era da **qualidade total** havia chegado, na gestão de qualquer tipo de projeto relacionado à produção em massa.

Estes processos vieram de mãos dadas com uma **organização de matriz**, em vez de departamentos funcionais independentes. Algumas empresas começaram a desenvolver um novo departamento funcional chamado de Project Management Office (PMO), ou pelo menos começou a atribuir Gestores de Projeto com autoridade suficiente para utilizar os recursos de diferentes departamentos da empresa durante a execução de projetos.

Era claro que havia mais chances de ter um projeto bem-sucedido quando se trabalha com uma estrutura de matriz, em vez de ficar preso com departamentos funcionais independentes.

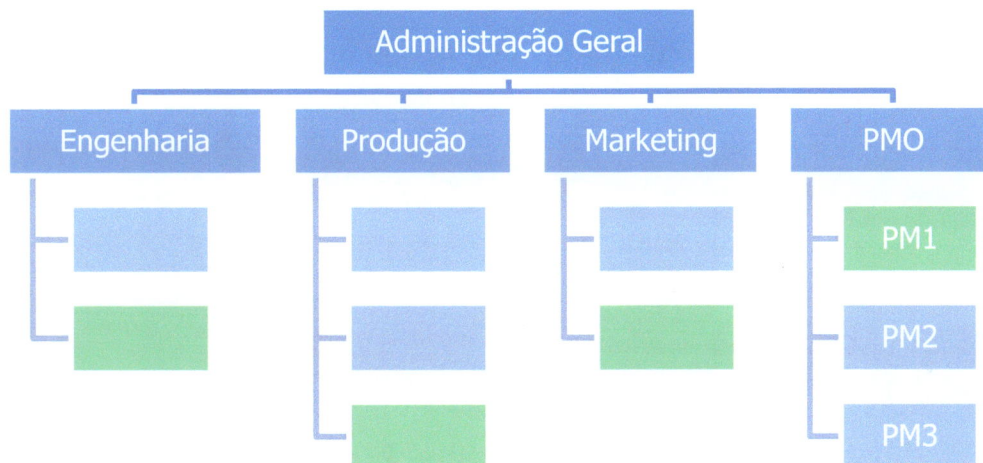

Desde **1985**, a Motorola começou o conceito dos **"Seis Sigmas"**, onde as empresas tiveram de continuar a melhorar a eficiência em seus processos de gestão da qualidade. Por exemplo, se a empresa estava envolvida na produção de bens ou serviços, podia ter apenas 4 falhas em um milhão de bens ou serviços para chegar no mercado.

Neste momento o conceito **"Engenharia simultânea"** foi proposto, portanto, não apenas o gestor do projeto trabalhou com diferentes membros da organização em uma estrutura de matriz, mas também era conveniente incluir nas grandes decisões sobre o projeto a gerência do gestor, para evitar as constantes mudanças sofridas no projeto.

Um marco importante desta época acontece quando o Project Management Institute, a maior organização sem fins lucrativos do mundo dedicada à gestão de projetos, lança a primeira edição do Guia **PMBOK**® [1], onde é claro que para alcançar o sucesso do projeto não é suficiente se concentrar apenas a qualidade. Pelo contrário, planejamento e gerenciamento de projetos dever ser feito, incluindo os processos integrados de diferentes áreas do conhecimento: escopo, tempo, custo, qualidade, recursos humanos, comunicação, riscos, aquisições, partes interessadas e integração.

Departamentos funcionais 1920 - 1960	Organizacão matricial 1960 - 1985	Engenharia simultânea 1985 - 1995	Fluxo Contínuo 1995 - ...

Por volta de **1995**, o conceito de "**Lean**" surge por causa dos excelentes processos que a Toyota executa em seus projetos. Estes conceitos foram rapidamente aplicados no resto do mundo, e as empresas começam a melhorar a eficiência nos seus processos.

O mundo reconhece que era importante trabalhar projetos com processos formais, mas esses processos estavam tomando tempo dos projetos e foi necessário aperfeiçoar ou remover os que não eram necessários.

As empresas começaram a desenvolver projetos em que eles precisam encontrar um equilíbrio inteligente entre os "processos e controle" versus "velocidade e valor para o cliente". Eles procuram manter um **fluxo contínuo** de valor para o cliente, sem interrupções.

Enquanto todas as boas práticas que haviam sido desenvolvidas até agora eram excelentes para a produção em massa, às vezes elas tinham mais processos do que o necessário, retardando projetos e negligenciando o cliente.

Os Conceitos Lean vêm para remover todos esses excessos de programação, para poder se concentrar em trazer valor para o cliente o mais rápido possível.

Em **2001**, um grupo de engenheiros de computação de Utah, EUA, escreve o **Manifesto Ágil** para a comunidade de gerenciamento de projetos de desenvolvimento de software.

Estes conceitos rapidamente tornarem-se popular no mundo inteiro e eles começam a ser aplicado não só para o desenvolvimento de software, mas também, para qualquer tipo de projetos.

---

[1] Project Management Body of Knowledge. PMBOK é uma marca registrada pela Project Management Institute, Inc.

O que há por trás dessas filosofias Lean e Ágil?

Como podem esses conceitos nos ajudar na gestão de qualquer tipo de projeto, mesmo que não pertença a produção em massa ou ao desenvolvimento de software?

Para obter respostas a estas perguntas, infelizmente, você tem que continuar a ler o resto deste livro. ☺

1.4 TIPOS DE TEMPOS

Goste ou não, alguém definiu que um dia tem 24 horas e isso é chamado de **"tempo de calendário"**.

Dessas 24 horas, quantas horas nós podemos trabalhar em média? 8, 10, 12, ... 18? Não importa a resposta, o tempo que trabalhamos todos os dias é chamado de **"tempo de trabalho"**.

Finalmente, o tempo relacionado com a filosofia Lean, é o **"tempo de valor agregado"**. Para entender este conceito, suponha que em nosso escritório, nós colocamos uma câmera escondida, onde nosso cliente está observando o que fazemos. Os valores do tempo agregado incluíram apenas as atividades realizadas que o cliente está disposto a pagar... certamente muito menos do que o tempo trabalhado.

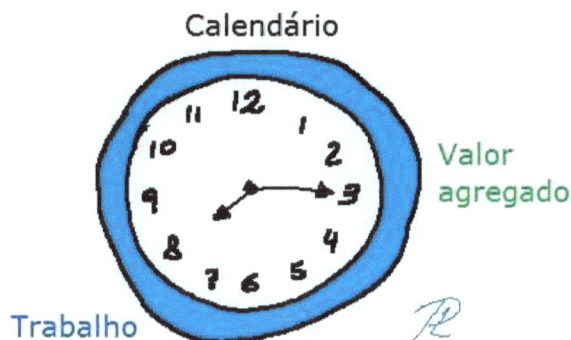

📖 Exercício 1 – Tempo valor agregado

Maria é uma economista que está trabalhando no desenvolvimento de um grande projeto de investimento. Sua tarefa é elaborar o estudo de mercado que será usado para projetar o fluxo de caixa do projeto.

<u>Maria</u>: tem duas *semanas que tenho trabalhado longas horas neste projeto e não tenho feito progressos significativos. O que está acontecendo? Por que eu tenho tão pouca produtividade?*

Preocupado com o seu lento progresso no projeto, Maria prepara-se para rever em detalhe o que ela fez em seu último dia de trabalho de 10 horas.

Suponha que você é Maria e complete a tabela abaixo com o tempo de valor agregado.

Atividade	Início	Fim	Minutos de valor agregado
Café, jornais, conversas, etc.	8:00	9:00	
Reunião status do projeto	9:00	10:00	
Reunião de planejamento	10:00	11:00	
Falar com um cliente tagarela	11:00	12:00	
Solicitar as mesmas informações novamente	12:00	13:00	
Almoço	13:00	14:00	
Skype, E-mails, Twitter, LinkedIn, Google+	14:00	15:00	
Tarefas domésticas: colégios de crianças, bancos, etc.	15:00	16:00	
Análise de estatísticas para o projeto	16:00	17:00	
Trabalho perdido por não guardar as alterações	17:00	18:00	
TOTAL	**10 horas**		

✋ Dedique 10 minutos para preencher a resposta antes de ler mais.

📖 Resposta - Exercício 1

Lembre-se que o tempo de valor agregado é apenas o tempo que o cliente está disposto a pagar. Não importa se o que fazemos é bom ou ruim, produtivo ou improdutivo, apenas se a cliente paga ou não.

Depois de concluir este exercício com milhares de executivos de grandes empresas que operam em mais de 20 países, tomamos como exemplo uma das muitas respostas recebidas. Esta resposta não significa o que é certo ou errado; é apenas um exemplo muito real do que acontece em nossos projetos.

Atividade	Inicio	Fim	Minutos de valor agregado
Café, jornais, conversas, etc.	8:00	9:00	0
Reunião status do projeto	9:00	10:00	20
Reunião de planejamento	10:00	11:00	20
Falar com um cliente tagarela	11:00	12:00	10
Solicitar as mesmas informações novamente	12:00	13:00	0
Almoço	13:00	14:00	0
Skype, E-mails, Twitter, LinkedIn, Google+	14:00	15:00	10
Tarefas domésticas: colégios de criança, bancos, etc.	15:00	16:00	0
Análise de estatísticas para o projeto	16:00	17:00	60
Trabalho perdido por não guardar as alterações	17:00	18:00	0
TOTAL	**10 horas**		**120**

Normalmente essa primeira hora da manhã, começamos nosso dia com leituras em geral, café, conversas de escritório e muitos outros que não têm relação com nossos projetos de qualquer natureza, tende a ser 0 o valor agregado.

Quando chega o momento das reuniões, geralmente somos muito ineficientes. Por exemplo, nós nunca começamos no horário agendado, porque estamos à espera de todos para chegar à reunião. Tampouco falamos especificamente sobre os temas do projeto, porque misturamos outros assuntos durante o dia. Damos várias voltas sobre o mesmo assunto, e etc. Coloque 20 minutos de tempo de valor agregado nessas reuniões previstas para uma hora, estará sendo bastante honesto com o cliente.

Quando esse cliente tagarela nos chama, ele deveria contratar um psicólogo, em vez de um gerente de projeto; e para piorar as coisas, ele não nos paga por essas horas. Poderia mudar isso, em vez de toda a hora que ficamos no telefone com ele, poderíamos ter investido em uma palestra concisa de 10 minutos focada especificamente em nosso projeto.

Voltar para solicitar informações que já deve estar em sua mesa de trabalho é, sem dúvida, uma atividade de valor agregado 0. Que bom seria encontrar alguma fórmula para solicitar a informação uma vez, sem ter que estar andando pelos corredores da empresa várias vezes para obter os dados.

No meio do dia estamos com fome e precisamos recuperar as energias com um almoço que descansa sua mente um pouco. A hora de almoço é muito necessária, mesmo se o cliente não pagar qualquer coisa por esse tempo.

Após o almoço, nós podemos colocar em dia os e-mails e redes sociais. No entanto, há poucos temas relacionados ao projeto durante essa hora.

Em seguida, vamos fazer várias tarefas domésticas que todo mortal precisa comparecer. Infelizmente, o nosso cliente não está disposto a pagar por essa hora também.

Estamos trabalhando 8 horas no escritório e percebemos que muito pouco tempo foi focado no projeto. Portanto, decidimos sair dos e-mails e todas as redes sociais, desligarmos os celulares pedimos a nossa assistente que não transfira nenhuma chamada e se concentre apenas em trabalhar para o projeto. Graças a Deus, um tempo de valor agregado completo e sem interrupções.

Após 9 horas, estamos tão cansados que o nosso disco rígido mental está nos tornando improdutivo. Após uma hora em que nós pensamos que estávamos trabalhando, por descuido e excesso de cansaço podemos perder o trabalho realizado. Sem dúvida, o cliente não vai pagar por esse erro. Certamente no dia seguinte se começamos bem e descansados, poderemos fazer a mesma coisa em poucos minutos.

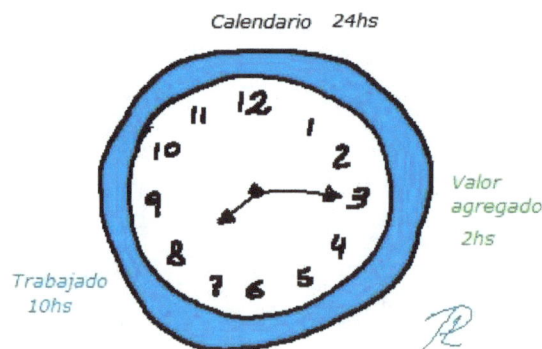

Não importa se você tem diferentes resultados deste exemplo que acabamos de compartilhar. O importante é que o tempo de valor agregado tende a ser muito menos do que o tempo de trabalho, esta e a principal mensagem que devemos tomar a partir deste exercício.

Continuando com o exemplo de Maria, ela tinha apenas 120 minutos de tempo de valor agregado em uma jornada de trabalho de 10 horas. Se em vez de 10 horas, o exercício tivesse sido para um típico dia de trabalho de 8 horas, ela teria concluído cerca de 96 minutos de tempo de valor agregado.

10% de 96 minutos são 9,6 minutos, em números arredondados, 10 minutos.

Se este livro nos ajudar a descobrir uma ideia de adicionar **10% do tempo de valor agregado** para o que fazemos todos os dias, em outras palavras, 10 minutos adicionais por dia, esses minutos diários poderiam se traduzir no seguinte:

- Realizar **10% a mais de projetos** com os mesmos recursos.
- Obter **10% a mais de retorno** com os mesmos recursos.
- Ser **10% mais rápido** em nossos projetos, sem a necessidade de agregar mais custos ou negligenciar a qualidade.

Nós convidamos você a manter a atenção neste livro para as razões do porque continuamos agregando tão pouco valor no nosso dia-a-dia, e o que podemos fazer para melhorar essa situação.

1.5 DISTORÇÕES PARA AGREGAR VALOR

Há centenas de ineficiências em nossos projetos que explicam por que obtemos tão pouco tempo de valor agregado, em relação ao nosso tempo de trabalho.

A seguir, vamos citar alguns desses problemas, que serão abordados em profundidade ao longo deste livro.

- **Falta de informação**: se você não tem todas as informações, é muito provável que não vamos entender as necessidades do cliente, ou que podemos estar trabalhando numa versão do projeto que não faz sentido.

- **Mudança de prioridades**: se as prioridades do projeto mudam de forma permanente, sem ser solicitados e previamente aprovados pelo cliente, certamente estaremos gerando muito pouco tempo de valor agregado.

- **Esperar em filas**: Por que eu fui convidado para uma reunião onde eu estava sentado por duas horas sem participar, onde a minha questão foi abordada nos últimos 10 minutos? Por que me deixaram esperando na porta meia hora antes de me atender? Todos esses tempos de espera desnecessários não agregam valor.

- **Apagar incêndios**: Quando temos estruturas voluntárias de bombeiros em nossas equipes de projeto que trabalham apenas em emergências, enfrentamos sérios problemas para agregar valor a cada dia de forma proativa. Estes bombeiros trabalham com um reativo para apagar o fogo quando ele já está em cima de nós, o que não é benéfico para o projeto ou para o cliente.

- **Falta de recursos**: Se você não tem os recursos disponíveis em tempo hábil, o projeto vai avançar muito mais lento do que o necessário, fornecendo pouco valor para o cliente.

- **Multitarefas**: Nós temos que entender que é impossível trabalhar com mais de um projeto ao mesmo tempo. Em outras palavras, não podemos bater um escanteio e jogar de goleiro ao mesmo tempo, ou atacar e defender! As multitarefas tendem a ser um prejuízo para adicionar o valor agregado ao cliente.

📖 Sentado oito horas para pensar na frente do seu computador e fazer o relatório na última hora. Qual foi o valor de tempo agregado: uma ou oito horas?

✋ Dedique 2 minutos para pensar na resposta antes de continuar a leitura.

Algumas pessoas respondem a essa pergunta com 1 hora, porque o resto não foi um tempo que o cliente pagaria se tivesse uma câmera escondida nos observando. Outros responderiam 8 horas, porque o cliente também tende a pagar para nós pensarmos a melhor maneira de fazer as coisas. Finalmente, alguns valores de resposta entre 1 e 8, considerando que pensar por 7 horas era excessivo e a mesma coisa poderia ser feito em menos tempo.

Não faz sentido avançar com este livro discutindo tópicos como:

> Quanto tempo de valor agregado corresponde ao pensamento?

> Como posso adicionar mais valor em meus pensamentos?

> Como podemos fazer que nosso cliente entenda que o pensamento também é valor de tempo agregado?

Em vez disso, consideramos ser mais produtivo dedicar e discutir esses problemas em que não há tempo de valor agregado a partir da perspectiva do cliente. Tópicos como

- ✓ Estar sentado em **reuniões** desnecessárias

- ✓ Solicitar **informações** repetidamente

- ✓ Cometer erros e **repetições** de tarefas

- ✓ Obter múltiplas aprovações **burocráticas** para prosseguir com o projeto

No próximo capítulo, vamos desenvolver o que está por trás de pensamento Lean e Ágil a partir dessa perspectiva para melhorar as primeiras atividades que geram pouco ou nenhum valor acrescentado.

LIÇÕES APRENDIDAS

Um projeto bem-sucedido é aquele que atende o orçamento, cronograma, qualidade, satisfação do cliente e sustentabilidade.

As boas práticas foram evoluindo desde a produção em massa com os departamentos funcionais, passando pelos processos de gestão da qualidade com estruturas matriciais, chegando hoje a busca de um fluxo contínuo de valor para o cliente com a filosofia Lean e Ágil.

O Tempo de valor agregado que o cliente está disposto a pagar por aquilo que fazemos, é geralmente muito menor do que tempo trabalhado devido a várias ineficiências como: falta de informação, mudança permanente de prioridades, atrasos desnecessários, falta de recursos, multitarefas, e etc.

2 PENSAMENTO LEAN

Os bons escritores são aqueles que conservam a eficiência da linguagem. Ou seja, mantêm ela precisa e clara.

EZRA LOOMIS POUND. (1885-1972)
Crítico e poeta americano

Lean Thinking, Lean Production, Lean Manufacturing, Lean Project Management, o simplesmente **"Lean"**, é uma escola de pensamento que considera que qualquer tipo de custo que não está relacionado para agregar valor ao cliente, é desperdício que deve ser eliminado.

Como vimos no capítulo anterior, "valor" é qualquer coisa que o cliente está disposto a pagar.

A técnica Lean faz referência a uma filosofia de gestão nascida na década de noventa nas indústrias automobilísticas japonesas, principalmente na Toyota, que muitas vezes se denominam-se "Toyotismo". Se trata de um sistema simples de organização de trabalho e de gestão de projetos, baseado num princípio simples: **preservar o valor do cliente trabalhando menos** mediante a eliminação de desperdícios.

O pensamento "Lean" consiste em uma série de métodos e ferramentas orientadas a:

✓ **Eliminar as perdas** de atrasos e ineficiências nos processos de organização,

✓ Prevenir e **eliminar falhas**, interrupções e outras perdas de produção,

✓ Buscar de maneira contínua a perfeição e as **melhorias** de qualidade.

A filosofia Lean pode se resumir em cinco **princípios fundamentais**:

1. Especificar com precisão o **valor** de cada projeto
2. Identificar o **fluxo** do valor do projeto
3. Permitir que o valor **flua** sem interrupções
4. Permitir que o **cliente** participe na identificação do "valor"
5. Buscar de maneira **contínua** a perfeição

2.1 ESPECIFICAR O VALOR

Coloque-se no lugar do cliente para avaliar se uma atividade agrega valor, isso será um teste crítico para qualquer atividade. O cliente paga por coisas que ele acredita que têm valor. Isso é muito diferente de pensar que eles compram as coisas que consideramos valiosas.

Considera-se "**Valor**" qualquer coisa que um cliente está disposto a pagar. Qualquer atividade que não incremente o preço que pagaria o cliente, somente agrega custos ao projeto.

As atividades sem valor podem cair em dois tipos de categorias:

Desperdícios Tipo 1: atividades parcialmente sem valor, mas mesmo se o cliente não pagar por elas, devemos continuar a fazer, porque elas são necessárias para realizar um projeto de sucesso. Por exemplo, executar uma carta do projeto, fazer reuniões para saber do avanço, um processo de auditoria de qualidade, etc.

Desperdícios Tipo 2: são atividades que não têm nenhum valor agregado e deve ser eliminado. Os japoneses chamam de "muda" ou fruta podre. Por exemplo, encurtar o tempo perdido em reuniões, eliminar processos burocráticos que já estão obsoletos, reduzir erros e repetições de trabalho, etc.

📖 Exercício 2 – Desperdícios

Leopoldo O'Dowell, um representante de vendas de facas artesanais, reclamando sobre a perda de um importante cliente.

<u>Leopoldo</u>: *Eu não posso acreditar. Nossas facas não só tem a melhor qualidade, mas também têm a melhor embalagem e caixa do mercado. Como é que o nosso cliente escolheu facas do nosso concorrente que não tem qualquer embalagem, ou caixa, ou nada, e foi cobrado o mesmo preço que o nosso!*

Embora esta empresa sempre apresentou suas facas com a melhor embalagem e caixa do mercado, ela nunca havia consultado com os clientes o que eles pensavam desse valor agregado. Do ponto de vista do cliente, facas sem caixa era mais conveniente para não ter que pagar excesso de peso no momento da exportação para outros países. O cliente, sempre que comprou essas facas, teve de dedicar recursos para remover as caixas e jogá-las fora.

A fim de entender o valor do ponto de vista dos clientes vamos separar as atividades do projeto em três categorias:

- **Valor:** tudo que o cliente está disposto a pagar.
- **Desperdício Tipo 1**: atividade com pouco ou nenhum valor agregado, mas necessário para completar as tarefas. Adicionar os custos para o projeto sem afetar diretamente o seu preço.
- **Desperdício Tipo 2:** sem valor agregado. São as "frutas podres" a "muda" que devem ser eliminadas.

Nosso objetivo será eliminar os desperdícios Tipo 2 e em seguida diminuir os aspectos que não agregam valor nas tarefas com desperdício Tipo 1.

Marque com uma cruz a categoria que corresponde cada atividade

Atividade	Valor	Desperdício	
		Tipo1	Tipo2
Dirigir uma reunião semanal para a coordenação do grupo			
Procurar informações solicitadas no mês passado que não foi entregue			
Apresentação de relatório de status do projeto para gestão			
Criação de documentos oficiais não solicitado pelo cliente			
Obter múltiplas aprovações para prosseguir com um documento			
Esperar em filas para obter recursos			
Obter permissão do governo para início de um projeto			

Dedique 10 minutos para completar a resposta antes de continuar a leitura.

📖 Resposta - Exercício 2

Depois de concluir este exercício com milhares de executivos agrupados em equipes de 4-6 pessoas, tomamos como exemplo o que a maioria respondeu.

Esta resposta não significa o que é certo ou errado, é apenas um exemplo, que serve essencialmente para avaliar se existe consenso entre os membros de uma equipe para começar eliminando desperdícios e ineficiências nos nossos projetos.

Atividade	Valor	Desperdício	
		Tipo1	Tipo2
Dirigir uma reunião semanal para a coordenação do grupo		X	
Procurar informações solicitadas no mês passado que não foi entregue			X
Apresentação de relatório de status do projeto para gestão		X	
Criação de documentos oficiais não solicitado pelo cliente		X	
Obter múltiplas aprovações para prosseguir com um documento			X
Esperar em filas para obter recursos			X
Obter permissão do governo para início de um projeto	X	X	X

A maioria dos entrevistados respondeu que a realização de uma reunião do projeto geralmente é uma atividade para a qual o cliente não vai pagar, mas muito necessário para a execução do projeto.

Procurar informações várias vezes para obter informações, tende a ser um verdadeiro desperdício que devemos melhorar.

Apresentar o status do projeto de maneira interna e criar documentos formais, também são atividades que o cliente não paga, porém são necessárias para ter mais chances de um projeto de sucesso.

Obter múltiplas aprovações burocráticas para poder avançar para a próxima fase do projeto, geralmente é um excesso. Não deveríamos ser capazes de obter o mesmo controle com um pouco menos de burocracia?

Esperando em uma fila para chegar a minha vez é ineficiente e não agrega valor.

A obtenção de uma permissão do governo é geralmente o item mais discutido. Alguns dizem que é "valor" porque o cliente pagou para os serviços de lobby, outros dizem que é "tipo 1 de desperdícios" porque você tem que fazer esse esforço, mesmo se o cliente não pagar. Finalmente, outros dizem que é "desperdício tipo 2", porque é uma burocracia desnecessária que criou o governo só para dar trabalho para os funcionários públicos.

Não importa qual foi a sua resposta neste exercício, é importante ter consenso com sua equipe de projeto sobre os desperdícios que estão enfrentando.

Ao contrário do que os outros pensam, a maneira mais simples de começar a introduzir uma cultura "Lean" nos projetos e **começar com coisas simples** que não têm muita oposição do resto da organização. Não tente começar com melhorias que acreditamos que vai agregar muito valor para o cliente, mas vamos dar os primeiros passos nesses desperdícios, onde todos estão convencidos de que podem ser eliminados.

2.2 DEFINIR O FLUXO DO VALOR

Agora que temos o valor claro e o que é desperdício, é preciso identificar quais são os pontos de valor gerados pelo projeto ao longo do tempo.

Este fluxo de valor é composto por todas as tarefas necessárias que devem ser concluídas para entregar o produto ou serviço ao cliente. Muitas das tarefas que realizamos não agrega qualquer valor adicional para o cliente para que ele estaria disposto a pagar.

A criação de um "mapa" do valor atual, podemos facilmente identificar as tarefas que agregam valor daqueles que não agregam valor.

As tarefas que não agregam valor para o cliente são consideradas como desperdícios e devem ser removidas a partir do valor atual. Enquanto isso, algumas tarefas são desperdícios, mas necessárias para concluir o projeto em tempo hábil. O objetivo final do pensamento Lean será **remover do fluxo de valor a possível "muda"**.

Agora, como podemos identificar o fluxo de valor do projeto?

Cada conjunto de atividades deve ter uma entrega e toda entrega deve ter um cliente (interno ou externo). Normalmente, se nos concentrarmos nas **entregas** do projeto, estamos construindo o fluxo de valor.

Por exemplo, a seguir apresentamos um gráfico muito simples do diagrama de Gantt um projeto que tem 14 atividades. No entanto, muitas dessas atividades são "Tipo 1 desperdícios" e os resultados para os quais o cliente está disposto a pagar são apenas alguns.

Tarefa	Duração	Jan	Fev	Mar	Abr
Projeto de software	**105 dias**	←			→
Firma de contrato	**20 dias**	← →			
Geração de propostas	20 dias	▬			
Reuniões de negociação	15 dias	▬			
Revisão de contrato	**15 dias**		← →		
Finalizar o plano de implementação	15 dias		▬		
Reuniões de revisão	7 dias		▪		
Definição do projeto	**20 dias**			← →	
Análise de risco	20 dias			▬	
Reuniões com os clientes	10 dias			▪	
Software implementado	**30 dias**				← →
Pesquisa de dados	15 dias				▬
Configurar a base de dados	30 dias				▬
Equipamentos de pesquisa	10 dias				▪
Ensaio ou teste	10 dias				▪

Se marcamos apenas o fluxo de valor, com as entregas para a qual o cliente está disposto a pagar, o nosso projeto seria simplificado da seguinte forma:

Valor	Duração	Jan	Fev	Mar	Abr
Aprovação de contrato	20 dias	← →			
Revisão de contrato	15 dias		← →		
Definição de projeto	20 dias			← →	
Software implementado	30 dias				← →

Se tivéssemos um projeto com milhares de atividades, certamente apenas algumas delas farão parte do fluxo de valor.

Resumindo, este princípio #2 nos pedem para concentrarmos nos diferentes pontos de valor gerados pelo projeto através do tempo, não incluindo quaisquer desperdícios do tipo 1 e eliminar qualquer desperdício do tipo 2.

2.3 O VALOR DO FLUXO SEM INTERRUPÇÕES

Uma vez que nós projetamos o fluxo de valor do projeto, o princípio # 3 nos diz que temos de permitir que o **"valor" chegue ao cliente o mais rápido possível.** Devemos parar de colocar obstáculos que atrasam as entregas para o cliente.

O processo tradicional na produção de bens e serviços foi construída sobre uma base série com filas e espera. Dentro da filosofia "Lean" devemos tomar um caminho diferente. Temos que concentrar no cliente e acelerar o valor atual especificamente para satisfazer as suas necessidades.

Deve ser suprimido o fluxo de valor de "muda" e reduzir o período de espera para a entrega do produto ou serviço.

Isto significa que devemos reduzir os tempos de atrasos no fluxo de valor para remover obstáculos desnecessários no processo. Devemos reparar o fluxo original e alcançar um movimento contínuo de produto através da cadeia de valor.

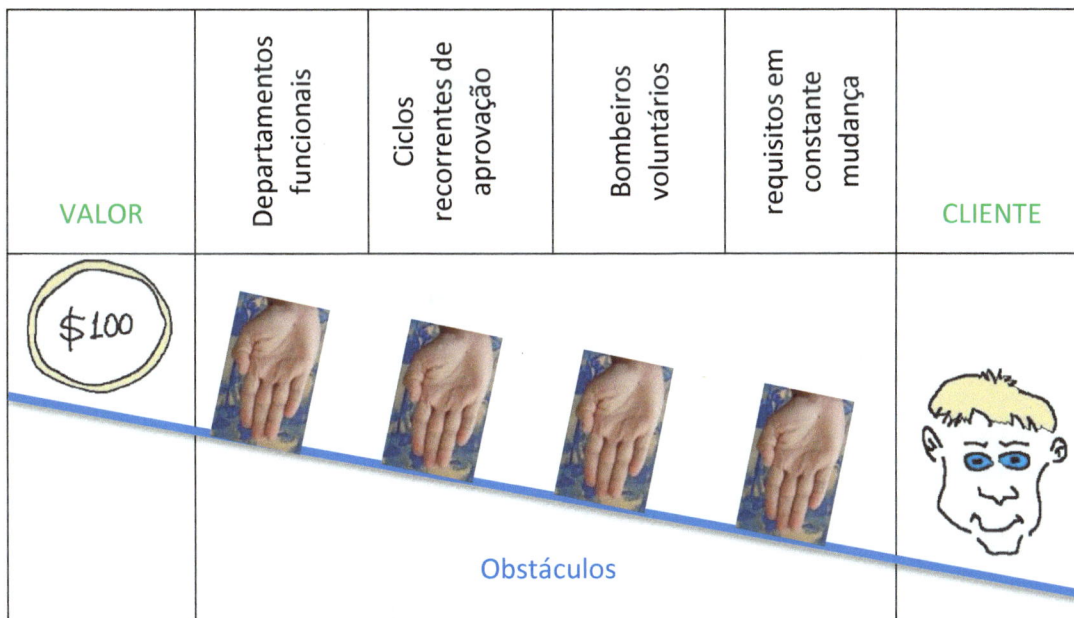

VALOR	Departamentos funcionais	Ciclos recorrentes de aprovação	Bombeiros voluntários	requisitos em constante mudança	CLIENTE

Remover obstáculos desde o início do projeto nos permitirá:

- ✓ Liberar espaços
- ✓ Reduzir espaços
- ✓ Alterar processos ineficientes
- ✓ Entender que os funcionários não podem ser multifuncionais

Alguns dos obstáculos típicos para remover o valor de fluxo são:

- ✓ Rigidez dos **departamentos funcionais**

- ✓ **Ciclos** de aprovação recorrentes

- ✓ Equipes de **bombeiros** voluntários para apagar os incêndios

- ✓ **Mudanças constantes** nos requisitos do projeto

- ✓ Etc., etc., etc.

Por que é tão difícil remover os obstáculos que prejudicam a velocidade do fluxo de valor do projeto?

Vejamos a continuação do seguinte caso para compreender que em algumas situações nós não removemos os obstáculos, só porque não queremos.

Caso Índia - Paradigma para não mudar

Na Índia quando eles querem que um elefante não se mova do seu lugar, simplesmente eles amarram uma corrente com uma pedra na sua pata. O elefante é muito mais forte do que essa pedra presa, ele poderia se mover sem nenhum problema. No entanto, se o elefante viu a pedra em sua pata, ele nem *sequer tenta se* mover daquele lugar.

Como os Hindus conseguiram isso?

Quando o elefante é um recém-nascido, eles a amarra nessa pedra em sua pequena pata. O elefante tenta se mover e não consegue. A partir desse momento ele vive toda sua vida com esse paradigma de que se colocar a pedra em sua pata, ele não será capaz de se mover e ele sequer tenta remover aquele obstáculo obsoleto.

Conclusão: tentaram remover as pedras de nossos projetos, algo que em algum momento foi necessário em nossa organização, é muito provável que se torne uma muda e simplesmente tenhamos que eliminar.

Vídeo – Elefantes (Espanhol)

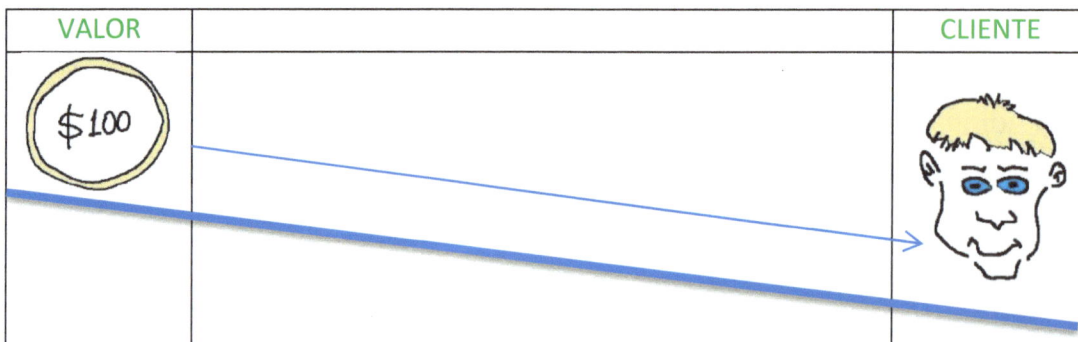

Gestão Lean e Ágil de Projetos© – Pablo Lledó

36

2.4 O CLIENTE PARTICIPA NO VALOR

O princípio #4 do pensamento Lean, nos lembra que devemos convidar o cliente a participar da definição do que agrega valor ao projeto.

Às vezes, as equipes tendem a ser arrogante, pensando que eles sabem mais do que o cliente, e que eles serão capazes de resolver todas as suas necessidades sem consulta-lo.

Em mais de uma oportunidade os projetos foram realizados e formulados por equipes de especialistas, sem intervenção do cliente e em seguida terminaram com produtos e serviços que não tinham mercado.

Caso Cuba – Cigarro sem fumar

A empresa Nabiz havia investido centenas de milhões de dólares para desenvolver um cigarro sem fumaça. Que grande ideia! Esse produto foi feito para ser capaz de se utilizar em lugares públicos, aviões, escritórios, escolas, etc., causando apenas um câncer interno dos que fumam, sem prejudicar com a fumaça terceiros.

Mas o que os clientes disseram quando o produto foi concluído?

Os clientes que experimentaram o cigarro disseram que tinha um gosto de merda e cheirava a peido. Além disso era muito difícil de aspirar, algo que os especialistas chamaram de "O efeito hérnia".

Durante o processo de investigação e desenvolvimento os técnicos tiveram muito pouco contato com o usuário final, sem dúvidas foi uma péssima ideia.

Conclusão: Não vale a pena ter uma boa ideia que não agrade o cliente, pois é ele que guiará os especialistas para identificar o que agrega valor ao projeto.

As equipes de projetos devem **permitir que seus clientes ajudem a identificar o que agrega valor.**

Por exemplo, voltando para o exercício #2, aquela empresa que fabricou as facas artesanais com a melhor embalagem do mercado, ela nunca perguntou ao cliente o que ele achava disso. Se eles tivessem perguntado, eles iam descobrir que as embalagens não tinham valia para o cliente. O produtor teria poupado vários custos e processos desnecessários, os clientes não iriam todos para os concorrentes e seguramente eles ganhariam mais dinheiro.

Precisamos também de lembrar aos nossos especialistas, a tecnologia em si não agrega valor, mas a tecnologia e capaz de resolver necessidades do cliente.

Caso USA – Apple Newton

Um dos primeiros tablets que chegou ao mercado foi a "Apple´s Newton" em 1993.

O produto tinha um monte de funcionalidade para os usuários desse tempo. No entanto, foi considerado um fracasso comercial por causa das baixas vendas. O produto tinha sido projetado "apenas para engenheiros de computação", sem consultar os usuários finais ao longo do desenvolvimento do produto.

Em 1995, a Palm Inc. decidiu consultar os usuários o que eles não gostavam do excelente produto da Apple e a resposta foi simplesmente "muito grande". Com esse conceito em mente, os especialistas eliminaram um monte de funcionalidade para o produto para criar o Palm Pilot, que era apenas uma agenda pessoal e o produto foi muito bem-sucedido.

A revanche veio em 2010, quando a Apple lançou o iPad um grande sucesso que revolucionou o mercado e parte do desenvolvimento foi baseado no Newton, mas desta vez com um claro conceito de entender que nem todos os clientes têm os mesmos gostos dos engenheiros de computação.

Conclusão: fornecer tecnologia por si só não agrega valor ao cliente. Somente quando os novos métodos ou ideias resolvem um problema do cliente bem definido aí sim agregará valor.

Nós só construímos o que nossos clientes precisam, quando precisa. Desta forma podemos permitir que nosso cliente seja nosso regulador de agenda e que ele nos guie no que temos que fazer.

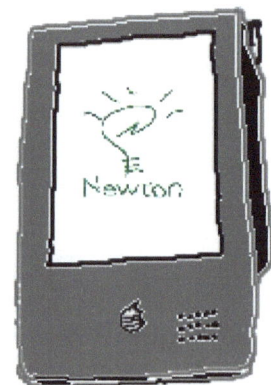

2.5 A BUSCA CONTÍNUA PELA PERFEIÇÃO

O último princípio do pensamento Lean nos diz que uma vez que já tomaram medidas para introduzir a cultura Lean no âmbito dos projetos, é necessário **seguir melhorando de maneira contínua**. Caso contrário, sofreremos a Lei da Entropia que indica que as coisas deste mundo sempre tendem a voltar ao seu estado caótico natural.

Por exemplo, se na segunda-feira quisemos começar a semana com o nosso escritório muito limpo e arrumado, certamente teremos que fazer um esforço para deixar cada coisa no seu lugar, limpo, etc. Uma vez que temos tudo impecável, começamos o dia a dia de nossas tarefas de escritório e se durante a semana não fazemos qualquer outra coisa em relação a ordem e limpeza, provavelmente no final do dia esse escritório voltará a estar tão desorganizado como quando começamos a semana.

A mesma coisa pode acontecer com nossos projetos, tudo o que fizermos para introduzir uma cultura Lean, pode ser perdido se não continuamos com a melhora contínua todos os dias.

A mesma coisa pode acontecer com nossos projetos. Tudo o que podemos fazer para introduzir uma cultura Lean pode ser perdido se nós não continuarmos a melhorar diariamente.

Um projeto "Lean" requer vigilância constante para manter e melhorar o seu desempenho, exige disciplina da equipe, uma **intolerância total ao desperdício** de recursos e a **busca constante de perfeição**.

LIÇÕES APRENDIDAS

A filosofia Lean nos diz que temos que agregar valor mediante a eliminação de ineficiências e isso pode ser conseguido, mantendo em mente esses cinco princípios:

1. Distinguir muito bem a diferença entre valor (tudo o que o cliente está disposto a pagar) e desperdícios (tipo 1 se nós temos que continuar fazendo ou se é algo desnecessário "muda".

2. Construir o fluxo de valor do projeto ao longo do tempo, eliminando todas as "mudas" desse fluxo

3. Remover aqueles obstáculos que me impede de chegar rápido ao valor do cliente

4. Interagir com o cliente para que eles também opinem se há valor ou não no projeto, não deixar a definição do valor 100% nas mãos dos especialistas.

5. Buscar de maneira contínua a perfeição para evitar a lei da entropia onde todas as melhorias realizadas no projeto podem voltar ao seu estado natural de ineficiência.

3 O MANIFESTO ÁGIL

*A leitura torna o homem completo; a conversação
torna-o ágil; e o escrever dá-lhe precisão.*

SIR FRANCIS BACON. (1561-1626)
Filósofo e estadista britânico.

Em homenagem aos criadores do movimento ágil atual, vamos manter este capítulo mais curto.

3.1 O MANIFESTO

Em fevereiro de 2001 um grupo de engenheiros de computação se reuniram em Utah para redigir o Manifesto Ágil, uma vez que muitos enfrentam problemas quando queriam gerenciar projetos de TI com as práticas tradicionais que existiam naquele tempo.

A maneira simplificada foi escrita da seguinte forma:

*Nós estamos descobrindo maneiras melhores de desenvolver
software tanto para nossa própria experiência como para ajudar terceiros a
fazer. Através deste trabalho temos
aprendido o valor:*

Indivíduos e interações *sobre processos e ferramentas*
Software funcionando *sobre documentações abrangentes*
Colaboração com o cliente *sobre negociação de contrato*
Resposta para a mudança *sobre seguir um plano*

*Ou seja, enquanto valorizamos os itens à direita,
nós valorizamos os itens à esquerda mais.* [2]

---

[2] http://agilemanifesto.org/iso/es/

Indivíduos e interações: Se prestarmos muita atenção para montar uma boa equipe de projeto e as relações humanas entre elas, obteremos melhores resultados do que se implementarmos todos os processos e ferramentas que dizem os manuais. Por exemplo, nós temos que aplicar todos os processos do Guia do PMBOK®, um manual de boas práticas sobre gerenciamento de projetos, a todos os nossos projetos?[3] A resposta é absolutamente não. Se você sempre aplicar todos os processos, os projetos serão muito lentos e burocráticos. Mas é muito importante conhecer todos os processos de gerenciamento dos projetos para saber qual destes serão apçicados da melhor forma em particular.

Software funcionando: ao invés de escrever várias páginas explicando o relatório do avanço do projeto, ou quando vamos fazer funcionar, ou qual é a porcentagem estimada de conclusão; e preferível ver se o software está funcionando ou não, e dedicar os recursos escassos para fazer o trabalho, em vez de escrever testamentos para explicar.

Colaboração com o cliente: Vale a pena ficar negociando continuamente os termos do contrato? Agrega algum valor os conflitos do departamento jurídico de cada uma das partes? É preferível reconhecer que não existe contrato perfeito e ambas as partes pode ter cometido algum erro na sua formulação. Se entendermos que o nosso cliente é um aliado estratégico e conseguirmos manter uma relação estreita de colaboração, os projetos terminarão mais rápido e com maior valor, em relação a destinar escassos recursos para brigas contratuais.

Respostas para a mudança: Existem duas verdades na vida, todos nós vamos morrer e não existe nenhum projeto que termine exatamente igual ao plano original. Temos que entender que o plano perfeito não existe. Além disso, o contexto muda de maneira constante e se formos realizar o projeto ao pé da letra igual diz no plano, muitas vezes vamos falhar com o projeto. Por isso temos que ser flexíveis para as mudanças que o cliente necessita.

---

[3] PMBOK y PMI são marcas registradas por Project Management Institute, Inc.

3.2 PRINCÍPIOS

Os quatro valores por trás do Manifesto Ágil também têm os seus **12 princípios**: 4

1. *Nossa maior prioridade é satisfazer o cliente através de entrega antecipada e contínua de software com valor.*

2. *Aceitar que as exigências mudam, mesmo no final do desenvolvimento. Os processos ágeis aproveitam a mudança para proporcionar competitividade para o cliente.*

3. *Entregar o software funcionando frequentemente, entre duas semanas e dois meses, de preferência num período de tempo mais curto.*

4. *Os responsáveis pelos negócios e os desenvolvedores devem trabalhar juntos de forma cotidiana durante todo o projeto.*

5. *Os projetos são construídos em torno de indivíduos motivados. É necessário dar a eles apoio e um ambiente que necessitam e confiar para fazer o trabalho.*

6. *O método mais eficiente e eficaz de comunicar informações de desenvolvimento para a equipe e seus membros é a conversa cara a cara.*

7. *O software funcionando é a principal medida de progresso.*

8. *Os processos ágeis promovem o desenvolvimento sustentável. Os patrocinadores, desenvolvedores e usuários devem ser capazes de manter um ritmo constante de forma indefinida.*

9. *A atenção contínua com a excelência técnica e o bom design aumenta a agilidade.*

10. *A simplicidade, a arte de maximizar a quantidade de trabalho realizado, é essencial.*

11. *As melhores arquiteturas, requisitos e projetos são criado por equipes super-organizadas.*

12. *Os intervalos regulares da equipe refletem sobre como ser mais eficaz, em seguida ajusta e aperfeiçoa seu comportamento em conformidade.*

Se prestamos atenção no primeiro princípio vemos bastante semelhança na filosofia lean: "cliente", "valor", "fluxo contínuo".

E no último princípio, vemos algo similar no lean quando diz: "melhoria contínua".

---

4 http://agilemanifesto.org/iso/es/principles.html

3.3 TENDÊNCIAS

Hoje em dia, essa corrente de pensamento "ágil" é mais popular do que a filosofia "lean", porém em vários pontos podemos dizer que elas têm semelhanças.

Atrás desse pensamento ágil, existem diversas ferramentas ou técnicas específicas de gerenciamento de software no projeto como por exemplo:

- ✓ Adaptive Software Development
- ✓ Crystal
- ✓ Dynamic systems development method (DSDM)
- ✓ Extreme Programming
- ✓ Feature-Driven Development
- ✓ **Kanban** - Anexo C
- ✓ Pragmatic Programming
- ✓ **Scrum** - Anexo B
- ✓ Etc., etc., etc.

Não é o propósito desse livro entrar em detalhes em nenhuma dessas técnicas para a gestão ágil dos projetos de software. Em vez disso o que vamos fazer e usar vários conceitos da filosofia "lean", desenvolvido para projetos de produção em massa e da filosofia "ágil", criado para projetos de desenvolvimento de software, para analisar ideias simples que nos permite uma gestão mais ágil de qualquer tipo de projetos.

Mas antes de chegar a esta etapa onde temos "dicas para um projeto ágil", veremos no próximo módulo os típicos problemas e ineficiências que atravessa nossos projetos, em outras palavras, "os pecados capitais".

LIÇÕES APRENDIDAS

Os criadores da filosofia ágil nos convidam a ter cuidado com os conceitos tradicionais tais como:

- ✓ Processos de acompanhamento rigoroso
- ✓ Documentação escrita extensa
- ✓ Negociações contratuais sem fim
- ✓ Tentar seguir o plano ao pé da letra

Em vez disso, eles recomendam prestar atenção nos seguintes conceitos:

- ✓ As pessoas e suas interações com a equipe
- ✓ Se a entrega foi concluída ou não
- ✓ Uma constante colaboração com o cliente
- ✓ Dar respostas as mudanças que terá o projeto

MÓDULO II

OS PECADOS CAPITAIS

4 BURACOS DE TEMPO

Tempo é aquilo que o homem está sempre tentando matar, mas que, no fim, acaba matando-o.

HERBERT SPENCER. (1820-1903)
Escritor britânico

Um buraco de tempo é tudo aquilo que causa atrasos, mas poderia ser evitado, para avançar com o projeto.

Os sete pecados capitais em relação aos buracos de tempo em nossos projetos são:

1) *Preguiça*: Paralisia na tomada de decisões

2) *Gula*: Ciclos de aprovações recorrentes

3) Ganância (Avareza): Formalidade de documentação

4) Raiva (Ira): As Reuniões regulares

5) Inveja: filas de espera

6) *Orgulho (Vaidade)*: Os Proprietários da informação

7) *Luxúria*: uma combinação de qualquer um dos itens acima!

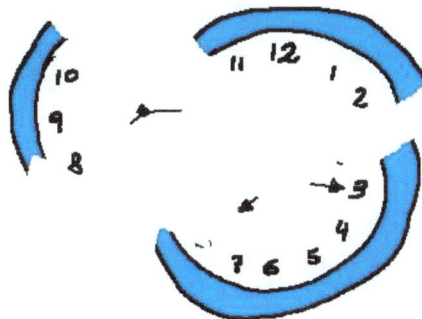

📖 Exercício 3 – Buracos de tempo

Ana Jiubetich é membro de uma equipe de projetos cuja tarefa é realizar amostras diárias do solo em um projeto de mineração, para evitar possíveis danos ambientais.

No final de cada semana, Ana guarda suas amostras numa caixa e os envia por correio para um laboratório próximo. As amostras ficam no laboratório por várias semanas, eles trabalham por ordem de chegada. Quando eles chegam nas amostras, elas são testadas regularmente e o laboratório envia um relatório para Ana informando todos os riscos significativos de cada lote enviado durante o mês.

Ana: Ouçam senhores! *Precisamos acelerar a execução do projeto, porque estamos muito atrasados. Nós nunca tivemos quaisquer problemas com as amostras de solo nesta região, por isso não vamos atrasar as obras esperando os relatórios do laboratório e vamos seguir em frente com as perfurações.*

No entanto, como sempre, a Lei de Murphy aparece na hora errada. Apenas algumas semanas antes da data de conclusão do projeto, Ana recebe uma má notícia: as amostras vieram com resultados negativos, o que significa que as perfurações não poderiam ser feitas.

Infelizmente, várias perfurações não deveriam ter sido feitas, porque as amostras não cumpriram com os requisitos mínimos ambientais. Pior ainda, há muitas outras amostras na fila de espera que também pode ter resultados negativos. Todas as perfurações realizadas nas últimas semanas devem ser cobertas. O projeto vai terminar muito acima do orçamento e com um enorme atraso.

Quais são aqueles buracos de tempo que poderiam ter sido evitados?

Coloque em ordem os buracos de tempo cronologicamente.

🖐 Dedique 10 minutos para completar a resposta antes de continuar.

📖 **Resposta - Exercício 3**

Certamente você ainda está culpando Ana pela má decisão tomada, de ter avançado com o seu projeto sem esperar os resultados das amostras de solo. A verdade é que Ana fez o que muitos de nós teria feito em uma situação semelhante, onde nunca tivemos nenhum problema com as amostras e nosso projeto estaria em sérios problemas se não fosse acelerado.

Não vamos nos concentrar no risco que a Ana assumiu, o importante deste exercício é concentrar nos buracos de tempo que muitas vezes são a causa de muitos de nossos problemas e ineficiências.

Em primeiro lugar, eles estão enviando os relatórios de laboratório em uma semana, em vez de fazê-lo de maneira diária. O seja, algo que pode levar um dia, estamos conseguindo atrasar em uma semana.

Em segundo lugar, eles estão utilizando o correio tradicional para enviar as amostras, o que poderia estar gerando um atraso médio na semana, em vez de algumas horas se fosse levado pessoalmente ou com algum serviço de entrega privado.

Em terceiro lugar, o laboratório trabalha com o sistema PEPS (Primeiro que Entra é o Primeiro que Sai), assim as amostras não são visualizadas até chegar à sua vez. O tempo começa a contar a partir do dia que em que as amostras chegaram ao laboratório e uma vez que eles têm outros clientes, eles geralmente levam algumas semanas para terminar com os outros clientes e em seguida começar a analisar as amostras. Talvez o laboratório aceite um pagamento adicional para revisar as amostras antes de todo o resto recebendo assim o resultado em alguns dias. Por que continuar pensando que trabalhar com um sistema PEPS é o mais justo?

Por último, o laboratório envia informações escritas formais com uma frequência mensal, juntando todos os buracos semanais da empresa antes de escrever os relatórios. Por que não pedir para o laboratório nos chamar por telefone assim que detectar uma amostra defeituosa? Algo semelhante ao que um oncologista faz quando detecta um tumor. Não é necessária muita formalidade escrita, com esses dados preliminares informados por telefone das amostras com problemas, poderíamos deixar em stand-by o projeto até temos mais informações.

Caso Porto Rico

Há muito tempo atrás, entregamos um computador, que estava funcionando corretamente para uma empresa, a fim de adicionar mais memória.

A pessoa que recebeu disse para deixar o computador e buscá-lo em uma semana.

Uma semana? Como é possível levar tanto tempo para algo tão simples?

Não senhor, o serviço que você está pedindo leva apenas 15 minutos, mas temos muitos computadores que precisam de reparos antes do seu. Assim que chegar sua vez vamos adicionar a memória que você precisa.

Agora entendo, vou voltar na próxima semana com o computador, quando você tiver concluído todo o trabalho pendente vou então esperar 15 minutos para você adicionar a memória no meu computador.

Desculpe senhor, mas se você não deixar o computador, perderá sua vez. Além disso, na próxima semana teremos um tempo estimado parecido ou maior.

Conclusão: muitas empresas, médicos, mecânicos, consultores, etc., continuam trabalhando com esse sistema "Primeiro que Entra é o Primeiro que Sai" sem nenhum tipo de raciocínio. Por que não trabalhar com um sistema de turnos?

Resumindo, um relatório que poderia ter sido entregue em uma semana, está repleto de vários buracos de tempo, o que fez Ana descobrir os problemas no solo, após dois meses de amostras.

Com buracos de tempo = 2 meses

Amostras	Correio	PEPS	Relatórios dos lotes
1 semana	1 semana	2 semanas	1 mês

Sem buracos de tempo = 1 semana

Amostras	Envio	Prioridade	Informar urgências
1 día	1 día	1 día	2 días

Ou seja, Ana poderia ter descoberto dentro de uma semana que ela estava perfurando uma zona com riscos no solo. Suspendendo os trabalhos defeituosos rapidamente, o que teria causado muito menos custos e atrasos do que um trabalho defeituoso durante dois meses consecutivos.

Um dos grandes problemas ou pecados em nossos projetos, é que estamos trabalhando com **buracos de tempo** que nos enchem de ineficiências, atrasos, trabalho desnecessário, custos, etc., etc., etc.

4.1 PARALISIA NA TOMADA DE DECISÕES

A **preguiça** é um dos pecados capitais. A incapacidade de aceitar e assumir as coisas é um problema para a gestão de nossos projetos.

A paralisia na tomada de decisões é semelhante a preguiça e é um buraco de tempo permanente.

Como é que vamos continuar chefe? Não tenho tempo agora, vamos ver isso na próxima semana. E na próxima semana o mesmo filme é repetido, para onde vamos chefe? Ainda estou muito ocupado... vamos ver na próxima semana. E na semana seguinte, e na seguinte, e na seguinte, a mesma situação. O projeto está completamente parado, muito atrasado, com grandes reclamações do cliente e não podemos progredir por causa da preguiça em tomar decisões.

Às vezes essa falta de decisão é causada pelo medo de cometer algum erro e o risco associado quando se toma uma má decisão. Mas vale lembrar que em certas situações uma "não decisão" que gera esse buraco de tempo permanente, pode ser **pior que uma "má decisão"**. Afinal de contas, uma má decisão nos permitimos que o projeto avance e temos chances de encontrar uma solução para esses erros futuramente.

4.2 CICLOS RECORRENTES DE APROVAÇÃO

O consumo excessivo que origina o pecado capital da **gula**, é semelhante aos ciclos de aprovação excessiva que atrasam o progresso de um projeto.

Por exemplo, Maria envia um relatório de progresso do projeto a Carlos para revisá-lo, aprová-lo ou reprová-lo, e assim passar para a próxima fase do projeto. Carlos se certifica de encontrar alguns erros, afinal ele precisava justificar seu salário ☺, e passa o relatório para Carolina para sua revisão. Carolina encontra alguns erros nas revisões de Carlos além de outras mudanças menores que ela está recomendando, e envia o relatório ao departamento de Roberto. Roberto começa a mudança proposta por seus três colegas e para demostrar a importância da sua revisão, também descobre algo próprio para agregar e envia o relatório com todos os comentários para Maria, que originalmente havia enviado o documento. Maria revisa todos os comentários, tenta conciliar os diferentes estilos de escrita e agora ela reenvia o relatório para Carlos para sua aprovação. Mas Carlos novamente encontra diferenças com as mudanças propostas por seus colegas, além de alguns pequenos erros que ele perdeu durante a primeira revisão e comentou tudo isso no relatório que novamente enviou para Carolina... e Carolina a Roberto... e Roberto a Maria... e começamos tudo de novo...

Bem, esta história é conhecida por ser muito chata, então é melhor resumir isso com um gráfico chamado **modelo laticínios**, cheio de excessos e burocracias para aprovar um relatório simples. Este é um dos típicos buracos de tempo em nossos projetos.

Modelo Laticínios

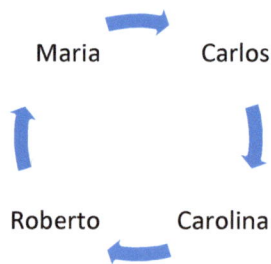

Essa gula por tanto consumo de laticínios nos coloca obesos, lentos e ineficientes! ☺

Há momentos em que o modelo de aprovação **tipo estrela** nos dá melhores resultados e cria menos atrasos. Nesse modelo, o relatório é enviado a todas as partes interessadas ao mesmo tempo e todos eles têm, por exemplo uma semana para analisar e comentar. Em seguida, todos os comentários são reconciliados em um relatório final, a fim de avançar. Quem não comentou dentro semana, perdeu sua oportunidade.

Modelo Estrela

4.3 FORMALIDADE DE DOCUMENTAÇÃO

Qual é a necessidade de ficar esperando ter toda a documentação formal do projeto antes de avançar para a próxima fase?

Esta **ganância** em excesso de querer reunir toda a documentação formal, com todas as assinaturas das partes interessadas, todos os selos oficiais interessados de todos os departamentos, as últimas versões finais, etc., etc., pode nos fazer pecar em excesso, causando um buraco de tempo e assim retardando o progresso do projeto.

Às vezes, queremos ter toda a documentação formal, esperando até o último segundo de tempo disponível, pensando que desta forma vamos evitar todas as possíveis mudanças que o cliente ou patrocinador poderia pedir. Esse equívoco comum de que esperar até o momento final, reunir assinaturas e aprovações, será benéfico para o projeto, nem sempre.

Por um lado, em várias oportunidades poderíamos avançar em nossas atividades levando informações preliminares, mesmo não incluindo toda a formalidade que indicam os padrões da nossa empresa. Por exemplo, devido a conflitos de programação o documento não foi assinado, mas fomos informados por telefone que tudo está em ordem para avançar.

Por outro lado, embora possamos ter toda a documentação formal com seus respectivos selos e assinaturas originais, isso não vai nos impedir de solicitar alterações nas seguintes fases do projeto.

4.4 REUNIÕES REGULARES

Outra reunião? Parece que esses caras pensam que se não estamos em uma reunião não estamos trabalhando? Por que fui convidado para esta reunião sendo que nenhum dos meus tópicos será discutido? Por que não deixar mais tempo para eu agregar valor ao projeto, em vez de tirar tanto do meu tempo em reuniões e mais reuniões?

Esta **raiva**, ódio que o excesso de reuniões, por vezes, causa, se explica por causa do pecado das "reuniões excessivas" no geral são buracos de tempo, que atrasa os projetos.

Se o projeto está progredindo bem, por que parar com reuniões regulares, mais de uma vez, nessas reuniões nos reunimos apenas para olhar para nós mesmos e falar sobre como tudo está indo bem, sem qualquer troca de valor para o projeto ou cliente.

É normal programar reuniões de progresso semanais durante as fases iniciais de um projeto. No entanto, uma vez que o projeto avança e as reuniões agendadas não estão agregando tanto valor, devemos pensar em mudar o plano e espalhar essas reuniões por períodos mais longos de tempo. No entanto, se em algum momento o projeto apresentar algum problema, devemos coordenar essa reunião o mais rapidamente possível, mesmo que a data não coincida com o que já estava programado.

4.5 LINHAS DE ESPERAS

Por que minhas linhas seguem paradas e todo mundo está avançando? Por que todos esses clientes VIP estão em linha e eu aqui esperando? Por que eles estão me fazendo perder tanto tempo sentado naquela reunião sendo que só vão falar do meu tópico quando os primeiros já estiverem terminado e voltarem a trabalhar no projeto? Por que essas pessoas de mentalidade fechada continuam trabalhando com esse sistema PEPS quando outros colegas que trabalham em turnos podem voltar mais tarde?

Esta **inveja** de desejar o que as outras pessoas têm, quando minha linha está atrasada e vemos que todo o resto avança, isso nos frustra bastante. Estas linhas de esperas são outro buraco de tempo que atrasa o projeto.

Como veremos mais adiante em um dos mandamentos deste livro, devemos tentar começar a trabalhar com o sistema de turnos, em vez de perder tanto tempo esperando em linhas desnecessárias.

4.6 PROPRIETÁRIOS DA INFORMAÇÃO

O **orgulho** de acreditar ser melhor do que os outros é o principal pecado capital.

Algumas empresas criaram gurus ou proprietários da informação que acredita ser melhor do que os outros e para certificar de que ninguém será importante da mesma forma, eles não compartilham as informações com o resto da equipe.

Os proprietários da informação pensam: A informação é poder, então eu não vou compartilhá-la.

Por exemplo, um funcionário de informática é o único que sabe as senhas para fazer funcionar um software, se um dia ele não ir trabalhar, o resto da equipe vai atrasar suas atividades porque seus computadores não vão funcionar corretamente.

Trabalhar em projetos com proprietários da informação é um grande pecado, porque gargalos são gerados, ou seja, buracos de tempo, onde em algum momento vamos depender dessas pessoas e o projeto irá avançar mais lento do que poderia avançar se as informações fosse compartilhada.

Caso França – Proprietários da informação

Tudo estava pronto para começar com o projeto de milhões de dólares de instalação de fibra óptica no meio de um centro histórico da cidade. As máquinas estavam esperando uma ordem para começar a perfurar, centenas de trabalhadores prontos para começar as atividades, todos os recursos prontos para avançar, porém o projeto estava atrasado por duas horas e não começava as obras.

O que está acontecendo? Por que não podemos começar se já está tudo pronto? Estamos esperando a chegada do Sr. José, foi a resposta do gerente de projetos.

Estávamos todos imaginando o Sr. José e seus amigos, provavelmente patrocinadores milionários que chegarão em seus helicópteros privados para cortar a fita e tirar fotos com a imprensa internacional.

Porém não foi assim, Sr. José chegou num ônibus com três horas de atrasos e era um homem de idade muito humilde, mas ele era proprietário da informação e assim todos tinham que esperar.

Sr. José tinha instalado todos os tubos de gás naquela cidade há 50 anos atrás e era o único que sabia exatamente se os tubos estavam do lado direito ou esquerdo de cada rua.

Valeu a pena esperar ao Sr. José para não perfurar num lugar inadequado e evitar explosões. Além disso, a empresa de construção internacional estava disposta a pagar muito dinheiro ao Sr. José por essa informação valiosa.

Conclusão: As empresas não devem conceber aos proprietários das informações salários por causa de todas as informações que guardam para si mesmo. Pelo contrário, tempos que implementar mecanismos de gestão em que o progresso de um projeto não dependa de qualquer pessoa em particular.

LIÇÕES APRENDIDAS

Os buracos de tempo são pecados impregnados em nossas organizações que causam atrasos no projeto, que poderiam ser evitados. Alguns dos buracos de tempo mais comuns são:

- Paralisia na tomada de decisão: preguiça por não avançar, sempre adiando decisões para mais tarde. O projeto não avança e às vezes uma "má decisão" pode ser preferível do que "nenhuma decisão".
- Ciclos de aprovação recorrente: gula por trabalhar em excesso com várias aprovações burocráticas, que originam um ciclo repetitivo sem fim, que impede que o projeto siga adiante.
- Formalidade da documentação: ganância de querer mais e mais informação formal excessiva, em vez de prosseguir com boa informação preliminar.
- Reuniões regulares: raiva é o que sentimos cada vez que somos convidados a uma reunião onde não fazemos nada, não agregamos valor ao projeto e eles desnecessariamente limita nosso tempo de trabalho, atrasando o projeto.
- Esperar em linhas: inveja aquelas organizações que gerem seu tempo com sistemas de turnos, no lugar do ineficiente sistema de esperar em longas linhas até que seja nossa vez de avançar.
- Proprietários da informação: orgulho daqueles "sabe tudo" que não compartilham as informações com o resto da equipe, o que gera gargalos e atrasos no andamento do projeto.

O único pecado capital que não mencionamos neste capítulo é a luxúria, que provém do latim luxus que significa "abundância" ou "exuberância". A combinação de vários dos pecados anteriores torna-se uma espécie de luxúria, temos de evitar, se queremos um projeto rápido e eficiente.

5 CUSTOS DE TRANSAÇÃO

A ilusão? Isso custa caro. A mim custou viver mais do que devido.

JUAN RULFO. (1917-1986)
Novelista Mexicano

Os custos de transação são aqueles excessos do projeto que o tornam mais pesado e, portanto, mais caro e mais lento.

A maioria dos desperdícios tipo 2, o muda, é fácil de identificar nos projetos, geralmente são encontrados em custos de transação.

Os 7 pecados capitais em relação aos custos de transação são:

1) *Orgulho:* Falta de uma linguagem comum

2) *Ganância:* Formalidade excessiva

3) *Inveja:* Repetições sem fim

4) *Preguiça:* Falta de informação

5) *Gula:* Excesso de informação

6) *Raiva:* Distâncias físicas entre os membros

7) *Luxúria: Má escolha dos meios de comunicação*

📖 Exercício 4 – Custos de transação

Josefina Francheskini tem uma semana para tentar produzir um milagre. Três semanas atrás, ele recebeu a oportunidade de trabalhar como gerente de projetos para um novo projeto crítico da sua empresa.

Josefina: Passo a explicar a situação. Nosso projeto tem um prazo de 30 dias para apresentar a proposta para o cliente. A boa notícia é que têm 5 seções quase concluídas. A má notícia é que nenhuma dessas 5 seções estão atualmente em minhas mãos.

Gestão Lean e Ágil dos projetos

57

Seção 1. A Engenharia está tratando de completar as especificações, mas elas estão sendo restringidas pelas ações do Gerente de qualidade, que sempre exige que as especificações sejam refeitas por não cumprir os detalhes pequenos e irrelevantes.

Seção 2. Os engenheiros de software e hardware não concordam com os planos de teste. Josefina organizou uma reunião, mas parece que cada grupo falava uma língua diferente. Depois de longas discussões sobre termos técnicos e simulações, ambas as partes não conseguiram se entender.

Seção 3. Está no comando de um integrante júnior do departamento de marketing que acaba de sair da universidade. Parece que ele ainda está escrevendo suas teses da faculdade, com semântica complexa, muita poesia e muita pouca informação sobre os benefícios do produto para o cliente.

Seção 4. Os representantes de cada um dos escritórios internacionais irão fornecer informações necessárias para desenvolver um plano de marketing global. Já se passaram duas semanas e eles não conseguiram coordenar uma videoconferência, devido as diferenças de tempo entre lugares tão distantes como Kuala Lumpur e Panamá.

Seção 5. Um especialista da empresa veterano, que é viciado em e-mails, está preparando esta seção. Josefina o chamou muitas vezes para explicar um par de tópicos, mas como não pôde encontrá-lo, ela deixa mensagens de voz em seu telefone. No entanto, este especialista continua respondendo com e-mails que são difíceis de entender.

Tendo chegado a esse ponto, Josefina está se perguntando...

Josefina: *Por que não optei por escrever toda a proposta sozinha? Logo, se a proposta fosse rejeitada, pedia desculpas e pronto!*

Josefina está enfrentando um paradoxo frustrante. Tudo o que necessita está disponível... nas mentes brilhantes da equipe, mas os custos de transação estão fazendo com que a informação nunca esteja disponível a tempo.

Quais os custos de transação que o projeto enfrenta?

Poderia Josefina ter feito alguma coisa para suavizar esses custos?

🖐 Dedique 10 minutos para completar as respostas antes de continuar.

📖 Resposta - Exercício 4

A seção 1 está atravessando por um custo de **repetições sem fim**. Cada vez que o relatório chega no departamento de qualidade, o gerente funcional encontra algum pequeno erro para corrigir. Quando corrigimos o erro enviamos o relatório novamente, porém mais uma vez eles descobrem um erro diferente. Por que não nos falaram sobre todos os erros na primeira vez? Poderia ser inveja do gerente de projetos? Esta é uma situação bastante complicada para a diretora de projetos, já que a matriz está sendo uma organização fraca, é provável que ela tenha menos poder que o gerente funcional, que é um expert em encontrar obstáculos no processo. Josefina, poderia tentar suavizar este custo de transação explicando ao Patrocinador por que está ficando impossível, cansativo e caro continuar com esta seção.

A seção 2 tem um custo de transação relacionado a uma **falta de uma linguagem comum**. Cada vez que reúne a equipe de software com a de hardware, cada um quer mostrar seu **orgulho** técnico e não gosta de escutar ou tentar entender a linguagem do outro. Josefina deveria tentar colocar algum tipo de tradutor ou forçar uma linguagem comum, como veremos mais adiante.

A seção 3 pode estar sofrendo de **formalidade excessiva** colocando centenas de citações, referências a outros autores e várias formalidades necessárias para uma tese de doutorado, mas agregando pouco valor para uma proposta de negócios. Josefina deve educar o novato para que corte essa ganância de querer colocar cada vez mais e mais formalidades de documentos. Por exemplo, poderia mostrar-lhe um relatório onde no máximo três páginas são permitidas. Sem dúvidas, não haverá espaço para essa poesia.

A seção 4 é limitada pela grande **distância física** que separa os membros da equipe do projeto. Estamos sofrendo grandes custos de transação para tentar unir os membros da equipe. Parece que a distância está irritando a equipe, e está dividindo as pessoas ainda mais. Josefina deveria planejar melhor as comunicações, aproveitando de tecnologia de videoconferência, para tentar encurtar essa distância.

A seção 5 tem o custo associado a um **mal canal de comunicação**. Esta luxúria de pecar em excesso com o uso de e-mail está deixando Josefina louca. Será necessário ter uma reunião cara a cara com essas pessoas.

5.1 FALTA DE UMA LINGUAGEM COMUM

Cometer o pecado do **orgulho** por acreditar que nossa linguagem é melhor do que a linguagem do resto da equipe, traz custos ao projeto. Além disso se cada divisão da empresa criar um vocabulário próprio para gerenciar o projeto, vamos ficar com sérios problemas.

Esta falta de uma linguagem comum na organização, gera elevados custos de transação que impedem a gestão eficiente do projeto.

Caso Colômbia – Linguagem comum

Durante muitos anos, a Tecnocolombia.net sofreu custos de transação em seus projetos porque os engenheiros de software falavam uma linguagem técnica totalmente diferente da usada pelos engenheiros de hardware, apesar de todos trabalharem no mesmo projeto.

Foi necessário a empresa atribuir recursos para criar dicionários onde os termos, "x, y, z" significavam exatamente a mesma coisa em toda a organização. Além disso, eles forçaram todos os funcionários a começarem a usar este dicionário, sem lhes dar espaço para inventar novas palavras para algo que já estava definido no dicionário.

Conclusão: As falhas de comunicação e custos dos projetos, muitas vezes são originadas simplesmente pela falta de uma linguagem comum.

Existem muitas empresas que investem recursos para forçar uma linguagem comum dentro da organização através de **dicionários**. Por exemplo, se procurarmos o significado "Project Charter" poderíamos obter respostas tão diversas como:

a) Plano detalhado do projeto
b) Diagrama de Gantt
c) Documento que autoriza a existência do projeto

Se a empresa quisesse implementar uma linguagem comum para o projeto, como os termos do dicionário que aparecem no Guia do PMBOK®, todos na empresa saberia que esse termo se refere à opção c). Uma linguagem comum é geralmente feita através de **treinamento,** então, não é necessário "reinventar a roda" toda vez que gerenciamos um projeto.

Além disso, geralmente é útil usar **tradutores** que possa facilitar a comunicação sempre que houver um problema de linguagem. Por exemplo, se estamos tendo problemas de comunicação para trabalhar com uma equipe criativa (soft skills) e a técnica (hard skills), podemos incorporar um tradutor que fala essas duas línguas que parecem ser tão diferentes. Esta pessoa poderia ser, por exemplo, um Engenheiro Industrial que pode gerenciar essas habilidades; e fez um MBA em Recursos Humanos onde entendeu que os projetos são pessoas, e não ferros; e além disso ele se certificou como PMP® para aprender o idioma e os processos de gerenciamento de projetos específico.

5.2 FORMALIDADE EXCESSIVA

Controle, controle e mais controle! Muitos projetos são atormentados por processos burocráticos e excessos de controle, sem colocar na balança essa **ganância** de querer mais e mais controle, gera custos de transação.

Devemos pensar sempre em um equilíbrio racional entre o controle e fluxo de valor, sem interrupções.

Por exemplo, se uma empresa quer reduzir custos de xerox mensais, você poderia criar um processo em que, para fazer uma cópia é necessária uma assinatura por escrito de três departamentos funcionais: Finanças, PMO e Qualidade. No mês seguinte observamos que o objetivo foi atingido, pois os custos com as cópias mensais caíram 50%. No entanto, não nos damos conta dos milhões de dólares que estamos perdendo por não ser capaz de obter uma cópia em tempo hábil para mostrar o cliente. Não teria sido mais simples algo como: qualquer pessoa que estiver fazendo cópias por motivos pessoais não relacionado com o projeto pode ser mandado embora por justa causa!

Caso Brasil – Formalidades

E: Vamos começar a produzir de forma diferente.

F: Excelente ideia Henrique, mas para cumprir com nossos processos de controle interno e avançar com as propostas, precisamos documentar os custos que serão salvos com essa mudança e enviá-lo para o departamento de finanças para sua aprovação.

E: O que estou propondo é economizar custos, porém finanças ainda não se convenceu?

F: É muito claro que vamos economizar custos. Não há dúvidas.

E: Então, por que gastar tanto tempo preenchendo todos os papéis para estimar a economia de custos? Vamos usar nosso tempo excesso para reengenharia e depois de alguns meses, teremos os dados empíricos exatos dos custos que economizamos.

Conclusão: O excesso de burocracia e controles desnecessários nos impede de avançar de maneira rápida e eficiente.

5.3 REPETIÇÕES SEM FIM

O excesso de controle, às vezes, tem efeitos viciosos, vários ciclos de ida e volta que continua se repetindo, sem fim.

Por exemplo, quando enviamos um produto para um departamento funcional para aprovação com o intuito de avançar para a próxima fase, e esse departamento sempre encontra erros insignificantes que nos impede de avançar, estamos enfrentando sérios custos de transação. Pior de tudo, quando enviamos o produto com a mudança que eles haviam pedido, e novamente eles encontram outro erro insignificante que poderia ter sido mencionado na primeira revisão.

Pode parecer que os gerentes funcionais às vezes têm **inveja** do possível sucesso dos gerentes de projeto e se certificam de mostrar seu poder para retardar o projeto.

Temos que entender que, na organização, tanto os gerentes funcionais quanto os gerentes de projeto trabalham para a mesma equipe. Para alcançar um projeto bem-sucedido, todo mundo tem que ir para o mesmo caminho, eliminando controles desnecessariamente que não agregam valor ao cliente.

Claro que precisamos de processos para detectar erros e auditoria de qualidade, mas devemos informar todas as melhorias de uma só vez e otimizar as equipes de projetos evitando idas e voltas intermináveis.

5.4 FALTA E EXCESSO DE INFORMAÇÃO

A **preguiça** é a incapacidade de cuidar das coisas. Essa preguiça nós impedimos de reunir toda a informação necessária para conhecer as necessidades do cliente.

A falta de informação tende a ser um custo de transação, pois produzimos propostas que posteriormente não são aceitas pelo cliente.

Por outro lado, o pecado da **gula** nós leva a um excesso de informação e sobrecarga, resultando em custos excessivos, mal-entendidos e propostas de grandes dimensões, em relação a necessidade do cliente, isso poderia levar o cliente a rejeitar nossas propostas.

A falta de informações pode ser tão ruim para o projeto como para o excesso de informações. É praticamente impossível saber exatamente o termo, mas temos de evitar os extremos se quisermos reduzir os custos de transação.

5.5 DISTÂNCIAS FÍSICAS

Quando brigamos com nossos companheiros de equipe, tendemos a nos separar. Esta **raiva** que nos distancia, fazemos nos comunicar menos, o que origina custos de transação para o projeto.

Agora não só a raiva nos separa de nossos colegas. Muitas vezes os membros da equipe do projeto estão fisicamente distanciados mesmo se suas relações são muito boas.

No estudo "Gerenciando o fluxo de tecnologia" [5] demostrou que quanto maior a distância física entre os membros da equipe, menor é a probabilidade de comunicação entre eles. Algo óbvio, demostrado com estatísticas, como resumido no gráfico a seguir.

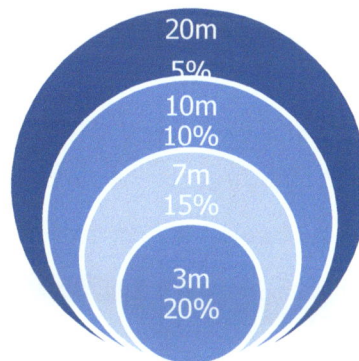

Quando os membros da equipe se encontram separados por mais de 20 metros de distância, a probabilidade de comunicação no decorrer da semana e menor do que 5%. Por outro lado, quando os membros estão no mesmo lugar físico, ou apenas a 3 metros de distância, a probabilidade de comunicação aumenta para 20% por semana.

Aqueles que trabalham com metodologias ágeis, como por exemplo o SCRUM, tem o princípio de colocar toda a equipe no mesmo lugar físico até que terminem a entrega para o cliente.

Mas às vezes, tendo todos os membros da equipe tão perto, pode ser prejudicial, em vez disso, podia toda sexta-feira fazer algo como planejar atividades de lazer para o fim de semana dessa forma eles teria toda segunda-feira para conversar e relembrar o final de semana. ☺

Mais uma vez, evitar os extremos: nem tão próximos nem muito distantes! ☺

---

[5] ALLEN, Thomas J. (1984). Managing the Flow of Technology Transfer and the Dissemination of Technological Information within the R&D Organization. MIT Press.

5.6 ESCOLHA POBRE DE MÍDIAS

Mensagens, e-mail, voicemail, website, intranet, voice ip, celular, videoconferência, Skype, Blackberry, Twitter, Facebook, Youtube, Linkedin, Google+, Ipad, Iphone, Adobe Connect, Webex, etc., etc. etc.

Não é muita **luxúria** (abundância e exuberância) tantas maneiras de se comunicar?

Além disso, todos os dias surgem novos canais de comunicação, que estamos aprendendo dia a dia, porque ninguém nos dá um manual para nos ajudar a identificar qual é o melhor meio ou mídia para cada caso em particular

Qual é a mídia mais adequada? Difícil de saber, mas poderíamos nos concentrar naqueles que certamente não são apropriados.

Para identificar qual mídia de comunicação poderia ser menos útil, tempos que considerar o seguinte:

- A comunicação é unidirecional ou bidirecional?
- Quantos transmissores-receptores estão envolvidos?
- De que largura de banda precisamos?

Vale a pena esclarecer que a largura de banda está relacionada à quantidade de informações, e não aos megabits ou ao tamanho de um documento. Por exemplo, a maior largura de banda é obtida a partir de uma reunião cara a cara.

📖 Exercício 5 – Mídias de comunicação

Marque com uma cruz quais mídias de comunicação são mais utilizadas nas seguintes atividades do projeto.

Atividade	Reunião	Telefone	E-mail	Intranet	Carta	Documentos	Apresentação	Outros
Coordenação da equipe de trabalho								
Colaboração entre os membros da equipe								
Distribuição de Documentos								
Revisão de Documentos								
Memorandos de rotina								
Informação detalhada do projeto								
Negociações								
Pedidos formais de informação								
Treinamento em equipe								

🖐 Dedique 3 minutos para completar as respostas antes de continuar.

📖 Resposta - Exercício 5

Não há uma melhor forma de comunicação, mas algumas recomendações de especialistas em comunicação podem ser úteis. A tabela seguinte resume algumas sugestões.

Atividade	Envolvidos	Largura	1ª opção	2ª opção
Reuniões de coordenação	Poucos-poucos Bidirecional	Médio	Cara a cara	Teleconferência
Reuniões de colaboração	Poucos-poucos Bidirecional	Alto	Cara a cara	Videoconferência
Distribuição de Documentos	Um-muitos Unidirecional	Baixo	Intranet	E-mail com anexo
Revisão de Documentos	Um-muitos Bidirecional	Médio	E-mail	Documento
Memorandos de rotina	Um-um Unidirecional	Baixo	E-mail	Documento
Informação detalhada	Um-um Bidirecional	Médio	Documento Cara a cara	E-mail Teleconferência
Negociações	Um-um Bidirecional	Alto	Cara a cara	Videoconferência Teleconferência
Pedidos formais	Um-um Unidirecional	Baixo	E-mail com assinatura digital	Carta formal
Treinamento em equipe	Um-um Bidirecional	Alto	Cara a cara	Videoconferência

Dependendo da tabela anterior, a melhor maneira de realizar uma reunião de coordenação é através de uma reunião cara a cara e uma segunda opção poderia ser uma teleconferência. Por outro lado, em uma reunião de colaboração que requer alta largura de banda, a segunda opção deve ser uma videoconferência, porque até que o telefone poderia distorcer a mensagem.

Após a conclusão do exercício anterior, com milhares de executivos de grandes empresas que trabalham em mais de 20 países, compartilhamos a porcentagem de respostas recebidas. Estas respostas não significam que eles estão certos ou errados.

Por exemplo, 13% dos entrevistados responderam que para coordenar uma equipe a melhor forma é utilizar o e-mail. Certamente este não é o melhor meio de comunicação para esta atividade de projeto, o que poderia estar causando custos de transação.

Atividade	Reunião	Telefone	E-mail	Intranet	Carta	Documentos	Apresentação	Outros
Coordenação da equipe de trabalho	77	7	13	0	0	2	1	0
Colaboração entre os membros da equipe	53	15	27	1	0	1	1	1
Distribuição de Documentos	2	0	64	11	7	11	0	4
Revisão de Documentos	30	1	31	7	2	22	1	7
Memorandos de rotina	0	1	64	4	9	15	1	1
Informação detalhada do projeto	19	0	23	5	3	27	20	2
Negociações	85	5	4	0	0	1	3	1
Pedidos formais de informação	2	12	48	1	23	9	1	0
Treinamentos de equipes	49	1	0	0	0	1	44	4

Algumas conclusões podem ser tiradas sobre essas respostas e que os especialistas recomendam comunicação, é que, se queremos reduzir os custos de transação do projeto, devemos tentar usar o mínimo possível de mídias de comunicação que estão sombreadas na tabela.

5.7 OS EMAILITIS

Nos últimos anos, estamos vendo que cada vez é mais forte a tendência para o uso excessivo de e-mail. Algumas pessoas respondem o exercício anterior # 5 marcando o e-mail como o único canal de comunicação para todas as atividades do projeto.

Estes casos extremos de abuso no uso de e-mail que temos, chamamos de emailitis, um pecado em que todos estamos envolvidos.

Quanto tempo do dia estamos desperdiçando na limpeza de nossos e-mails? Por que eles nos enviariam e-mail que não tem nada a ver conosco? Por que eles nos copiam em tudo o que acontece na organização? Que tal aqueles que responde e faz cópia para todos?

Não há dúvida de que o e-mail é uma excelente ferramenta de comunicação que nos ajudou muito com a eficiência de nossos projetos. No entanto, como quase todas as coisas boas nesta vida, quando pecamos em excesso, podemos transformar uma coisa boa em algo ruim.

Alguns **pecados** típicos por mau uso do e-mail:

1. Colocar uma cópia para todos, uma vez que é mais conveniente copiar todos, em vez de pensar sobre quem deveria realmente receber o e-mail.

2. Resposta de e-mails enviados para nós com uma cópia a todos com disparates como "que lindo", "yes", "aleluia", etc., etc., etc. E os nossos colegas também respondem com cópias para todos e quando menos esperarmos, teremos centenas de e-mails com o mesmo assunto em nossa caixa.

3. Reenviar um e-mail que já existe para a recepção de vários ciclos de recepção, onde se alguém quiser entender, terá que rolar a página para baixo várias vezes para começar a ler de baixo para cima.

4. Colocar vários anexos no e-mail, uma vez que é mais simples colocar todos os documentos que temos no computador, em vez de pensar quais são os documentos realmente importantes que devemos enviar.

5. Escrever um e-mail com centenas de linhas a ponto de parecer mais um testamento do que uma mensagem.

6. Respeitar o assunto, se você vai reutilizar o e-mail que foi enviado para outra pessoa, mude o título do assunto de acordo com o conteúdo do e-mail

7. Utilizando sempre o sinal "!" mensagem prioritária, embora não seja de caráter "urgente" o que está sendo enviado.

Recomendações para reduzir os custos de transação para uso indevido de e-mails:

1. Pense muito bem para quem vai copiar o e-mail. Mais do que três pessoas já pode ser um indício de que começamos a pecar muito.

2. Não responda e-mails com cópias para todos.

3. Não envie um e-mail que já tem mais de dois ciclos de envio-recepção. Em vez disso, escreva um novo e-mail com um resumo executivo do que queremos comunicar novamente.

4. Não envie anexos desnecessários.

5. Não escreva um e-mail com mais de 20 linhas. Para tópicos longos escreva num programa específico de texto e envie por anexo.

6. Respeite o assunto. Se você está reutilizando o e-mail que te enviaram para outra pessoa, mude o título do assunto de acordo com o conteúdo do e-mail.

7. Reserve o sinal "!" para assuntos realmente urgentes e prioritários.

LIÇÕES APRENDIDAS

A maioria dos desperdícios tipo 2, são fáceis de eliminar, eles podem ser encontrados em qualquer um dos seguintes custos de transação do projeto:

- Falta de uma linguagem comum: orgulho de acreditar que nossa linguagem técnica é melhor do que as outras. Devemos utilizar dicionários, tradutores e treinamento para unificar a linguagem.

- Formalidade excessiva: ganância de querer mais e mais controle sobre o projeto. Estas burocracias excessivas devem ser eliminadas, pensando no fluxo de valor para o cliente.

- Repetições sem fim: inveja dos gerentes funcionais sobre os gerentes de projetos, que não nos deixam avançar, pois sempre acha algo para reprovar cada vez que chega em suas mãos. Os gerentes funcionais e os gerentes de projetos devem trabalhar em equipe.

- Falta e excessos de informação: preguiça por não conseguir todos os dados para entender realmente a necessidade do cliente; ou gula por sobrecarregar todos com informações que geram custos desnecessários. Evite os extremos, tanto a falta de informação como o excesso de informação são prejudiciais para o projeto.

- Distâncias: raiva que separa os membros da equipe e os faz comunicar menos. Se possível, coloque os membros da equipe do projeto o mais próximo uns dos outros.

- Má escolha dos meios de comunicação: luxúria abusar dos usos indevidos dos meios de comunicação. Evitando os emailitis e aqueles meios que certamente têm muitos custos de transação.

Preguiça
Gula
Avareza
Ira
Inveja
Vaidade
Luxúria

MÓDULO III

OS 10 MANDAMENTOS

Até agora só vimos uma introdução da filosofia Lean e Ágil e muitos pecados comuns de nossos projetos, mas poucas ferramentas e ideias de como solucionar esses problemas.

Na seção anterior analisamos os dois problemas mais frequentes: buracos de tempo e custos de transação, que explicamos com uma analogia humorística usando os "pecados capitais".

Estes pecados capitais, não são outra coisa além de excessos, mas felizmente, eles sempre têm uma virtude para nós ajudar superar.

Nesta última seção do livro, vamos nos concentrar especificamente sobre ideias para ser mais **ágeis** no gerenciamento de nossos projetos.

Para isso, vamos ver os 10 mandamentos de Paul Leido [6]:

I. Não agregarás... **desperdícios** ao projeto
II. Honrarás... as entregas ao **cliente**
III. Não perderás... tempo em **reuniões**
IV. Não esquecerás... a análise dos **riscos**
V. Tirarás... as etapas **tradicionais**
VI. Cobiçarás... os métodos **visuais**
VII. Não matarás... os **processos** convencionais
VIII. Não provocarás... longas **esperas**
IX. Não esquecerás... os **recursos** críticos
X. Santificarás... os projetos **prioritários**

---

[6] Nombre internacional del autor latino Pablo Lledó. ☺

Os Dez **Mandamentos**

I. Não agregarás... **desperdícios** ao projeto

II. Honrarás... as entregas ao **cliente**

III. Não perderás... tempo em **reuniões**

IV. Não esquecerás... a análise dos **riscos**

V. Tirarás... as etapas **tradicionais**

VI. Cobiçarás... os métodos **visuais**

VII. Não matarás... os **processos** convencionais

VIII. Não provocarás... longas **esperas**

IX. Não esquecerás... os **recursos** críticos

X. Santificarás... os projetos **prioritários**

By Paul Leido

6 MANDAMENTO #1 NÃO AGREGARÁS DESPERDÍCIOS AO PROJETO

Curto como a vida é, nos tornamos ela mais curta pelo descuido de desperdiçar nosso tempo.

VICTOR HUGO. (1802-1885)
Novelista francês

Muitos projetos não alcançam seus objetivos simplesmente porque eles pecam com excesso de informações, atributos desnecessários ou complexidade excessiva. Vamos chamar de "desperdícios" todos os extras desnecessários do projeto.

📖 Exercício 6 – Propostas com excessos

John Lobby está preparando a proposta técnica e orçamentária de um projeto para apresentar a um cliente importante.

John: Como pode ser isso! É sempre a mesma história. O que o cliente realmente quer? Os requisitos são muito vagos e é praticamente impossível interpretar o escopo deste projeto. Além disso, temos um orçamento de contrato de taxa fixa. Portanto, se adicionarmos mais itens do que o necessário, não seremos rentáveis. Por outro lado, se tivermos menos funcionalidade do que o que o cliente precisa, eles certamente selecionarão outro provedor.

Como poderia John reduzir os riscos para não pecar em excesso no momento de elaborar a proposta?

🖐 Dedique **5** minutos para completar a resposta antes de continuar.

📖 Resposta - Exercício 6

Compreender as necessidades do nosso cliente para poder definir o escopo do projeto, geralmente é uma tarefa difícil.

Em algumas ocasiões, os membros da equipe começam a adicionar mais funcionalidades ao projeto, do que realmente necessita o nosso cliente. Isto é um problema, pois provavelmente o cliente não vai querer pagar os adicionais.

Por outro lado, podemos adicionar menos escopo do que necessita o nosso cliente e isto também é um problema, pois não vão querer comprar o nosso produto ou serviço, ou terminarão como cliente insatisfeito.

No caso de John, para não pecar em excesso no momento de elaborar a proposta deve se considerar as seguintes técnicas e ferramentas:

- Reuniões iterativas entre o cliente e os membros da equipe de trabalho para especificar todos os requisitos do projeto e definir juntos o escopo do mesmo.
- Pesquisas pré-concebidas onde o cliente deve responder para especificar seus requisitos.
- Elaboração de orçamentos com módulos escaláveis que especifiquem o preço e o tempo de produção de cada produto, desta forma o cliente pode escolher apenas os módulos ou produtos que agregam valor.

6.1 EXCESSOS DE INFORMAÇÃO

Vários projetos começarão a agregar adicionais não solicitados pelo cliente, sob a hipótese de que iriam superar as expectativas e obter um cliente satisfeito. No entanto, por esses adicionais geralmente o cliente não quer pagar, por isso esses extras não agregam valor e sim riscos, custo excessivos e atrasos desnecessários.

Lembre-se que **devemos dar ao nosso cliente o que eles pediram, nem mais nem menos.**

Como vimos nos capítulos anteriores, tanto o excesso (gula) como a falta de informação (preguiça) são um problema. A falta de informação pode ser a causa de não conseguir vender a proposta para o cliente, o que gera uma perda de rentabilidade. Por outro lado, o excesso de informação nos faz trabalhar mais do que o necessário e o cliente não pagará pelo serviço extra, o que também gera uma perda de rentabilidade.

Qual será o ponto ótimo de rentabilidade?

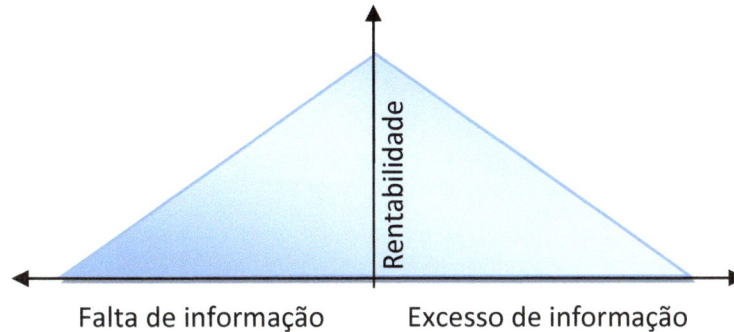

Falta de informação   Excesso de informação

Nunca saberemos qual é o nível ótimo de informação que maximiza nossa rentabilidade, porém como sempre o modelo de gestão lean-ágil de projeto nos convida a evitar os extremos.

6.2 ATRIBUTOS DESNECESSÁRIOS

Quantas vezes continuarmos a agregar mais do mesmo em nossos projetos pensando que é necessário para nossos clientes? Não estamos pecando ao excesso agregando atributos desnecessários, através do qual o cliente já não está disposto a pagar?

Por exemplo, o primeiro celular que chegou no mercado foi do tamanho e o peso de um tijolo. Sem dúvidas, a investigação e desenvolvimento da indústria de telefonia celular se concentrou em diminuir o tamanho e peso dos celulares. Cada vez que saia um modelo menor, o mercado estava disposto a jogar seu antigo tijolo fora e trocá-lo por um menor e mais leve.

Você estaria disposto a jogar fora o último telefone celular que chegou no seu bolso, porque um novo um pouco menor saiu no mercado?

Nós também não! ☺

Hoje em dia, continuar investindo na investigação e desenvolvimento para produzir telefones celular menores, provavelmente não aumentará significantemente as vendas. Mas investir em novos atributos para que nossos celulares possam parecer cada vez mais como nossos computadores pessoais, seguramente pode ser uma boa estratégia.

Algo semelhante ocorre com a velocidade dos processadores de computador. Agregando pouca velocidade a mais no nosso computador, seguramente não nos incentivaremos sair correndo para comprar o último modelo. Por exemplo, quando a Intel lançou o Pentium II, foi um fracasso comercial, porque não agregava um grande aumento de velocidade e recentemente tinha acabado de sair no mercado o seu antecessor o Pentium I.

Por que jogar fora o nosso Pentium I ou pagar mais por um Pentium II que não é muito mais rápido? Pensou o consumidor naquela época.

Enquanto isso, adicionar novas funcionalidades, tais como fazem a equipe da Apple quando lança um novo produto, poderia esgotar as reservas no primeiro dia que o produto chega ao mercado.

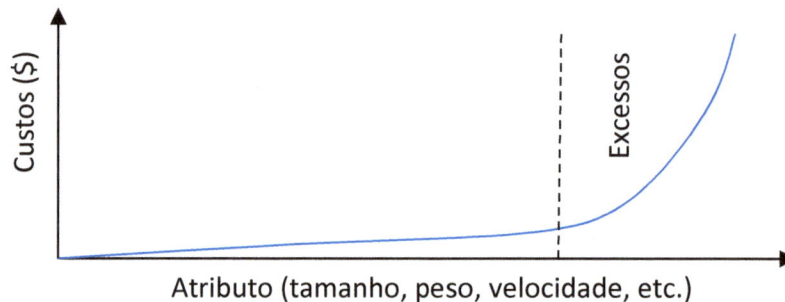

Atributo (tamanho, peso, velocidade, etc.)

Se um atributo adicional apenas acrescenta custos ao projeto e este **atributo não puder ser transferido para o preço** que o cliente pagaria, é provável que estejamos em uma zona de excesso potencial, onde esse atributo é desnecessário.

6.3 COMPLEXIDADE EXCESSIVA

Existem centenas de produtos e serviços que são tão complexos que agregam muito pouco valor ao cliente. Por exemplo, vamos pensar sobre o último controle remoto que tivemos em nossa casa, a fim de simplificar a nossa vida assistindo TV. Realmente simplifica nossas vidas?

Se sair um novo controle remoto com 20 teclas e funcionalidade adicionais, você jogaria o controle atual para comprar esse novo?

Nós também não! ☺

Por que jogar fora o controle remoto atual que tem dezenas de botões e funcionalidades, se ainda não sabemos como usar nem 50% de todas essas funções?

Por que abandonar a última versão do software Excel ou Project, se ainda não aprendemos a usar nem 5%?

Caso Coreia – Complexidade excessiva

Uma empresa produzia um carro em dois minutos. Se por alguma razão a produção parou, esse dia foi uma grande dor de cabeça para a companhia.

CEO: *Como estamos hoje com a velocidade de produção?*

Técnicos: *Vejamos o painel de controle, já que estamos ligados ao software de automação e controle, e os relatórios automáticos do sistema de gerenciamento, e…, e…, e…, e nós lhe daremos o relatório amanhã chefe.*

CEO: É incrível o que temos sido capazes de fazer com toda essa ciência e tecnologia. Há muitos anos atrás, *a obtenção de um relatório de progresso era muito mais simples. Entramos num caminho de complexidade excessiva?*

A partir desse momento, começaram a estudar alguma ferramenta simples onde todos os membros da empresa pudessem conhecer instantaneamente o ritmo da produção da empresa.

Finalmente eles implementaram em todas suas fábricas de produção algo muito simples: um semáforo com três cores. O verde indica que tudo está bem; O amarelo significa que está faltando alguma crítica e se não for resolvido, vai desacelerar a máquina; e o vermelho indica que a fábrica parou a produção, algo que todo mundo reconhece como um problema grave.

Não só isso, mas a cor vermelha dispara um alarme em relação à forma de reagir. O encarregado da linha de produção tem apenas 10 minutos para mudar a cor de vermelho para amarelo ou verde, ele tem que resolver, é sua responsabilidade, e para isso que ele é pago, tem que informar ao gerente geral da fábrica. O gerente geral tem duas horas para tentar corrigir o problema e se não tiver êxito, sua responsabilidade é informar o Presidente da empresa.

De forma alguma a empresa abandonou as ferramentas modernas de automação e controle dos processos, com relatórios de progresso de alta qualidade, mas implementou uma ferramenta simples em paralelo que todos reconhecem instantaneamente, independentemente de suas habilidades e capacidades.

Conclusão: implementar a tecnologia por si só não agrega valor, às vezes, métodos simples podem obter melhores resultados.

Várias empresas esquecem que agregar mais funcionalidade, não necessariamente agrega mais **valor** do ponto de vista do cliente.

Voltando ao exemplo do controle remoto, várias pessoas compraram dispositivos muito simples que têm apenas três botões: um para ligar / desligar, outro para volume e um terceiro para alterar o canal. Que tecnologia maravilhosa! ☺

Se estamos planejando o cronograma do projeto com o software de gráficos Gantt, onde adicionamos milhares de atividades, que durante a fase de execução e controle do projeto não seremos capazes de gerenciá-los, certamente pecamos em excesso. Um plano que mais tarde não funcionará na execução e controle, não faz sentido.

Um plano somente agrega valor se for usado!

A complexidade excessiva de nossos projetos só nos trará:
- ✓ Mais custos,
- ✓ Mais erros,
- ✓ Mais mal-entendidos
- ✓ Mais riscos.

Várias empresas tecnologia (Sony, HP, Canon, etc.) descobriram uma maneira simples para reduzir a complexidade excessiva ao desenvolvimento de um novo produto, que é pedir aos seus técnicos que explique as vantagens do novo produto em um **resumo executivo de uma página**. Os atributos não mencionados nessas páginas são os potenciais candidatos em excesso. Se mais tarde eles têm que acelerar o desenvolvimento ou reduzir os custos, o que não está nessa página são os primeiros atributos a serem eliminados.

LIÇÕES APRENDIDAS

Os excessos de informação, atributos desnecessários e a complexidade excessiva, são exemplos de desperdícios que não devemos agregar ao projeto.

Algumas ferramentas para reduzir os desperdícios, é conhecer melhor o nosso cliente e o escopo do projeto que são: reuniões iterativas entre cliente e os técnicos, questionários para identificar requisitos e orçamentos discriminados para entrega.

O excesso e a falta de informação atentam contra a rentabilidade do projeto. Temos que dar aos nossos clientes apenas o que eles pedem.

Não devemos continuar agregando mais atributos, quando o cliente não quer pagar por eles. Agregar mais tecnologia ou funcionalidade, não significa mais valor para o cliente. Às vezes, coisas mais simples agrega mais valor.

Devemos evitar a complexidade excessiva, caso contrário, nossos projetos terão: mais custos, mais erros, mais mal-entendidos e mais riscos.

Finalmente, um plano só é útil se, for utilizado em seguida.

7 MANDAMENTO #2
HONRARÁS AS ENTREGAS AO CLIENTE

Não honres com o teu ódio quem não poderias honrar com o teu amor.

FRIEDRICH HEBBEL. (1813-1863)
Poeta e dramaturgo alemão

Toda atividade deve ter uma data de entrega e toda data de entrega deve ter um cliente. Devemos sempre pensar em nossos clientes, internos e externos, ao realizar as atividades do projeto.

7.1 VINCULAR ATIVIDADES

Na gestão de projetos tradicionais, estamos acostumados a trabalhar logicamente com as atividades sucessoras e predecessoras. Ou seja, até que você termine a atividade A, não podemos começar as atividades B. Em outras palavras, até que você entregue A, não pode começar a trabalhar com B.

A - predecessoras	B - sucessoras

No entanto, em muitas oportunidades enquanto aguardamos A entregar, mesmo sem participar dessa atividade, sofremos muitos atrasos e inconvenientes com o desenvolvimento de B.

Poderíamos pensar que B é um cliente interno de A, para melhorar a eficiência e a gestão dos resultados do projeto e tentar vincular ambas as atividades em benefício do projeto.

A - predecessora
B - vínculada

Com esta pequena ligação entre A e B, podemos evitar mal-entendidos e acelerar a conclusão do projeto. Vejamos o seguinte caso para compreender melhor este conceito de vincular atividades e honrar entregas a um cliente interno.

Caso Peru – Cliente interno

O Gerente do Projetos estava esperando a chegada do produto A (fluxo de Caixa e indicadores financeiros para o projeto de infraestrutura) para começar a trabalhar com a atividade B (fluxo de caixa e indicadores financeiros do programa).

GP: Quando você estima que vai terminar com A?

A: Na data acordada.

Cumprindo com a perfeita lei de Parkinson (o trabalho se expande para preencher o tempo disponível para sua conclusão), o produto A foi entregue no último dia disponível que eles tinham para enviar o relatório.

GP: Eles cometeram alguns erros, e eles deviam ter feito projetos de estradas para 20 anos em vez de 10 anos, como eles fizeram e a taxa de desconto social deveria ser de 12% em vez de 10% como eles usaram.

A: Mas ninguém mencionou isso antes, *terminaram o relatório impresso e foi entregue na hora certa e já fomos designados para outro projeto. Não temos recursos para fazer alterações no relatório final neste momento.*

O GP não teve escolha senão ir trabalhar horas extras para corrigir esses erros e seguir em frente com as atividades B. No entanto, não conseguiu evitar os atrasos no projeto causado por esses erros que ele acabou de consertar.

Se o GP tivesse alinhado com membros da equipe A, alguns dias antes da data de entrega e oferecido ajuda ou revisado o trabalho, certamente nenhum atraso teria acontecido. Pelo contrário, ao detectar esses erros menores em uma fase inicial, a equipe não teria impresso o relatório final, de maneira muito mais simples teriam agregado mais 10 células ao cálculo da planilha adicionando uma taxa de desconto diferente da que estavam utilizando.

Uma das principais restrições para mudar o trabalho é que a equipe A, não queria voltar a reimprimir o relatório final. Se o GP tivesse colaborado com eles antes da impressão, nenhum atraso teria acontecido.

Conclusão: O cliente interno deve estar ligado aos membros de suas atividades predecessoras, se quiser reduzir os riscos e atrasos.

Os três conceitos chave para vincular as atividades e honrar a entrega ao cliente são:

1. O cliente está envolvido no início
2. Existe um breve período de colaboração conjunta entre cliente e a equipe de atividade predecessora
3. O cliente é aquele que determina o fim do seu antecessor

Vamos olhar para estes três conceitos com uma analogia em um esporte. No mundo do atletismo, uma das equipes de corrida é composta por quatros atletas que corre 100 metros cada um com um bastão na mão, eles devem passar para seu parceiro para que ele corra seus 100 metros também. A equipe vencedora será aquela que levar seu bastão em torno dos 400 metros mais rápido.

O cliente envolvido no início: que não espera o bastão no seu campo, em vez disso ele invade o campo do seu parceiro para receber o bastão.

Breve período de colaboração: aquele que entrega o bastão e o solta rapidamente, deve correr em conjunto com seu companheiro de equipe até que eles alcancem seu campo de jogo, para então transferir o bastão.

O cliente determina o fim da tarefa: quem está recebendo o bastão determina a transação e verifica se tudo está bem, não o atleta que entregou o bastão.

7.2 PROTÓTIPOS PRELIMINARES

Nos casos em que não sabemos o resultado ideal do produto que o cliente espera receber, em vez de entregar um produto final de acordo com as especificações de um contrato ou um padrão de mercado, é preferível trabalhar com protótipos preliminares com aprovações parciais, desta forma, as necessidades e requisitos são definidos em conjunto com o cliente.

Gestão tradicional

Por exemplo, uma empresa multinacional solicitou autorização para as autoridades de saúde do governo para aprovar o lançamento de um novo produto para consumo, que já estava terminado, essas aprovações levaram vários anos.

Além disso, outra empresa internacional, finalizou um avião, e foi solicitado uma autorização para à Administração Federal de Aviação para autorizar esse produto, mas também demorou vários anos.

Gestão ágil

Ambas empresas, quando começaram a trabalhar com protótipos preliminares e aprovações parciais com as autoridades, conseguiram diminuir vários meses de atrasos na aprovação em relação a gestão tradicional

Quando pensamos em nosso cliente interno e os envolvemos nas fases iniciais do projeto, os resultados esperados são mais favoráveis.

7.3 ANTECIPAR INFORMAÇÕES

Há momentos em que esperar a aprovação definitiva de uma entrega, para poder avançar, tende a adicionar atrasos para os projetos. Por exemplo, os grandes organismos do setor público são atormentados por processos de autorização burocráticos, onde os documentos devem passar por várias divisões internas para receber os selos de aprovação.

Nestes casos, antecipar ao cliente informações entrega ou aprovação da autoridade, pode ser uma boa prática, a fim de acelerar os ciclos de aprovação e tomada de decisão.

Gestão tradicional

Por exemplo, na gestão tradicional, a versão preliminar é enviada para o departamento de revisão. Em seguida o documento é enviado para o departamento de redefinição e uma vez que chega no departamento de autorização, ele é enviado mais uma vez ao solicitante para fazer as alterações correspondente. Isso é semelhante ao modelo de laticínios ou aprovações de ciclos recorrentes discutido nos capítulos anteriores.

Se possível, quem começa a transação poderia tratar a autoridade de aprovação como um cliente interno, enviando o mesmo documento que estava esperando nos corredores de outros departamentos burocráticos que trabalham com o esquema "por ordem de chegada". Desta forma, o cliente poderia dar um feedback antecipado das mudanças que ele vai exigir antes que o relatório final chegue ao seu departamento. Com esse feedback preliminar poderíamos está trabalhando mudanças para avançar aos tempos do processo.

Gestão ágil

LIÇÕES APRENDIDAS

O cliente não é somente o usuário de um bem ou serviço ou o patrocinador de um projeto. Também devemos considerar como clientes os membros da nossa equipe interna de trabalho e as autoridades externas de aprovação.

Precisamos vincular as atividades predecessoras com as sucessoras de tal forma que o cliente interno se envolva desde o início com a equipe que está trabalhando na atividade predecessora, devemos também buscar um breve período de colaboração entre a equipo e o cliente.

Os protótipos preliminares são de grande utilidade para envolver as autoridades de aprovação no processo formal de aprovação do projeto.

Por último, antecipar informações as autoridades de aprovação, pode ser uma boa estratégia para obter um feedback antecipado das mudanças que necessárias ao projeto.

8 MANDAMENTO #3 NÃO PERDERÁS TEMPO EM REUNIÕES

Perdi meu tempo,
Agora o tempo me perde.

WILLIAM SHAKESPEARE. (1564-1616)
Escritor inglês

Em muitas empresas, a cultura da reunião é tão enraizada que parece que o único tempo disponível para agregar valor é durante à noite ou nos finais de semana.

Nesse capítulo vamos ver que essa cultura de reuniões intermináveis é ineficiente, é um grande obstáculo para o projeto e gera um grande desperdício na organização. Mas a coisa mais interessante será o desenvolvimento de algumas ferramentas muito simples para satisfazer o terceiro mandamento: "não perderás tempo em reuniões".

8.1 TIPO DE REUNIÕES

Como vimos no capítulo quatro, "Buracos de tempo", deveríamos saber claramente que **as reuniões, por si mesmo, não agregam valor** ao cliente. Geralmente, a maioria das reuniões são desperdícios tipo 1: necessárias, mas sem valor agregado. O pior de tudo, e que grande parte do tempo dedicado a essas reuniões são da categoria de desperdícios do tipo 2 ou seja "muda", que poderia ser eliminado.

Devemos ter em mente que as reuniões implicam em tirar as pessoas do seu local de trabalho, que é realmente onde eles agregam valor ao projeto.

Algumas pesquisas mencionam que os executivos destinam em média 30% do seu tempo com reuniões, o que equivale aproximadamente 1,5 dias por semana. Mas o surpreendente é que os executivos respondem que metade do tempo gasto nessas reuniões são improdutivo.

Este tempo sem valor se deve, entre outras coisas, ao fato que:

- ✓ Estão esperando que as pessoas começassem a reunião,
- ✓ Têm que esperar até que o tópico relevante para ele seja discutido,
- ✓ Desperdiça muito tempo discutindo temas irrelevantes.

O que você gosta menos em reuniões?

Não são tomadas as decisões	18%
Os participantes despreparados	16%
Não se respeita a agenda	12%
Elas não começaram na hora certa	11%
Elas demoraram muito tempo	11%
Não foi bem dirigida	11%
Ela não foi focada na agenda	11%
Minutos de reuniões inadequados	7%
Não era necessária minha participação	4%
TOTAL	100%

Fonte: 3M

Em geral, no mundo de gerenciamento de projetos, tendemos a encontrar dois tipos de reuniões que causam "muda": as reuniões de coordenação e as reuniões de colaboração.

As **reuniões de coordenação** são aquelas dirigidas por um gerente de projeto, onde convoca seus membros de equipe de trabalho afim de facilitar a colaboração e comunicação entre eles.

Enquanto isso, as **reuniões de colaboração** são realizadas entre os membros da equipe de trabalho para discutir qualquer problema técnico ou desenvolver uma oportunidade de mercado.

Em ambos os tipos de reuniões cometemos pecados semelhantes de má administração do tempo. No entanto, trata-se de reuniões com diferentes problemas, razão pela qual serão tratadas separadamente a seguir.

A reunião foi muito boa ...
Eles vieram todos e quase decidimos alguma coisa!

Caso México – O sucesso de não reunir

Alguns anos atrás, tínhamos que gerenciar um projeto de investimento em cursos de educação à distância. As distâncias entre nosso local de trabalho e o México, além da ampla distribuição geográfica entre os vários membros da equipe, tornou muito difícil coordenar as reuniões onde todos os interessados poderiam participar.

Quando o projeto estava quase concluído, dedicamos vários dias para planejar o formato da apresentação, incluindo os principais resultados do trabalho realizado: diagnóstico, alternativas, estratégia, produto, rentabilidade, etc., mas a parte mais difícil ainda estava faltando, que era encontrar uma data que todos pudessem estar presentes.

À medida que preparávamos a apresentação, decidimos colocar muitas animações e vozes gravadas no fundo, explicando em detalhe cada slide. Isto servirá para enviar a apresentação por e-mail os envolvidos, caso a data de reunião continuasse sendo adiada.

Finalmente, enviamos a apresentação dinâmica para avaliar o projeto. Desta forma deixaríamos a reunião apenas para discutir detalhes finais. A resposta a apresentação foi espetacular. Eles não podiam acreditar que em vinte minutos, que foi o tempo que a apresentação durou e ainda sem se mover do seu escritório de trabalho, eles entenderiam o projeto com perfeição.

O impacto foi tão forte, que a reunião não foi necessária. Melhor ainda, em poucos meses, o projeto estava em plena execução e com a rentabilidade acima da média prevista.

Conclusão: às vezes o sucesso da reunião é não a fazer!

8.2 REUNIÕES DE COORDENAÇÃO

Discutir problemas técnicos em uma reunião de coordenação é geralmente um erro. Este tipo de discussão deve ocorrer em uma reunião separada e usar o tempo em reuniões de coordenação para avaliar os seguintes tópicos:

- Definir quem está prestes a iniciar qualquer atividade do projeto.
- Avaliar quem está prestes a terminar uma atividade do projeto.
- Quais recursos materiais e humanos os membros da equipe necessitam para executar as atividades do projeto sem obstáculos ou interrupções.
- Facilitar a execução do projeto de acordo com o plano.

Esse tipo de reuniões é feito semanalmente em muitas organizações, com uma duração média de uma hora, no melhor dos casos.

Como mostrado na figura a seguir, quanto mais longe estamos do dia da reunião, menor é o esforço que dedicamos para prepará-la. Por exemplo, se a reunião fosse às sextas-feiras, nas segundas-feiras, dedicaríamos um pouco de tempo para trabalhar no projeto e nas noites de quinta-feira, trabalharíamos intensamente para concluir todos os projetos pendentes para essa reunião.

Esta demora em preparar os tópicos da reunião pode ser prejudicial, porque você precisa colocar um esforço extra para tentar lembrar dos tópicos que serão discutidos que ocorreram na semana. Além disso esta distância nas reuniões pode gerar desperdícios do tipo 2, perdendo tempo no início das reuniões apresentando os tópicos que foram discutidos na semana anterior.

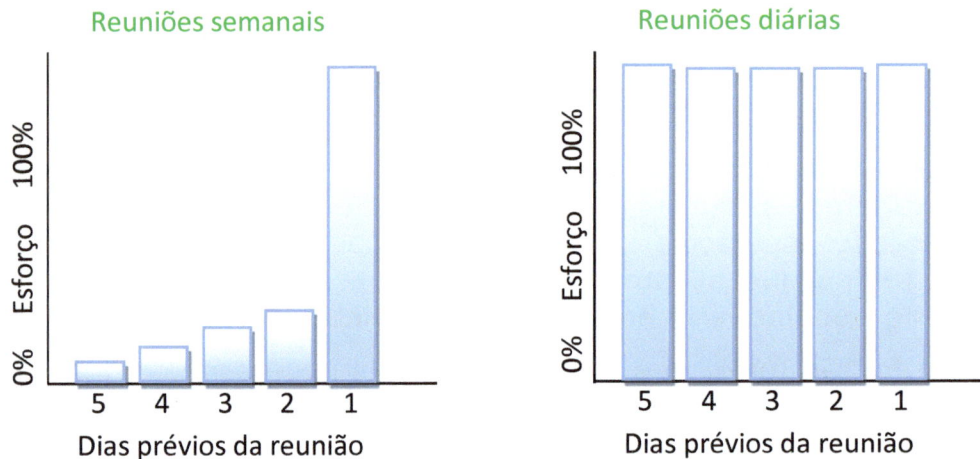

O que sugerimos é mudar essas reuniões semanas de uma hora por reuniões mais frequentes, por exemplo **reuniões diárias de dez minutos**. Se sua empresa realiza uma reunião mensal, você poderia começar a diminuir a frequência e torná-la semanal.

Reuniões de coordenação deve ser muito breve com um tema muito simples, como por exemplo:

- Que valor você criou ontem?
- Quais são seus planos para hoje?
- O que o resto da equipe necessita para alcançar seus objetivos?

As reuniões diárias obrigam os membros da equipe a manter um esforço constante para preparar as mesmas. Estas reuniões frequentes trarão vantagens adicionais, como as seguintes:

- Facilitar a realocação de recursos em tempo real.
- Priorizar as atividades de valor agregado.
- Estabelecer um plano de trabalho claro para cada dia.
- Comprometer emotivamente os membros da equipe.

Você não deve cair no erro de ser muito ortodoxo no planejamento de reuniões de coordenação, já que algumas vezes é necessário convocar este tipo de reuniões a partir de determinados eventos de urgência, a sua frequência deve refletir as pressões de prazos do projeto, custos, qualidade e alcance do projeto.

Para que essas reuniões sejam efetivas é necessário que assista todas as partes interessadas. No entanto, você não deve tentar coordenar mais de quinze pessoas ao mesmo tempo. Se a equipe de projetos for superior a esse número, dividi-lo em subgrupos para coordená-los separadamente.

Caso Costa Rica - Descuido em reuniões

Costuma se dizer que a chave do sucesso de uma boa reunião é o bom planejamento da agenda a boa gestão do tempo para se ajustar a agenda.

Isso é necessário, mas não é suficiente. Qualquer descuido durante a reunião poderia destruir toda a gestão de planejamento do tempo. Um expositor de uma reunião de coordenação da equipe de trabalho tinha finalizado os detalhes do sistema de som de uma reunião. Enquanto a sala estava enchendo de participantes da reunião ele aproveitou a oportunidade para ir ao banheiro. Ao voltar para seu lugar, para começar a exposição, os participantes não conseguiam para de rir, tudo estava fora de controle.

O que aconteceu? Bem, por descuido do expositor ele deixou o microfone sem fio ligado e todos escutaram os sons feito por ele durante o intervalo.

Conclusão: é bom quebrar o gelo no início de uma reunião, uma boa maneira e fazer as pessoas rirem... mas por favor, não se esqueça de desligar o microfone sem fio se você for ao banheiro. ☺

8.3 REUNIÕES DE COLABORAÇÃO

Enquanto as reuniões de coordenação exigem apenas uma revisão do status do projeto, em reuniões de colaboração você discute o progresso do projeto e os problemas técnicos em maior profundidade. Geralmente, essas reuniões técnicas são conduzidas com poucos participantes.

O objetivo dessas reuniões é compartilhar conhecimento, escolher entre diferentes alternativas e resolver problemas técnicos.

Como nas reuniões de coordenação, algumas organizações concordam em tê-las semanalmente. Como mostramos na figura a seguir, quanto mais longas são as reuniões, maior o risco de gerar desperdícios ou ineficiências no projeto.

Reuniões semanais

Reuniões diárias

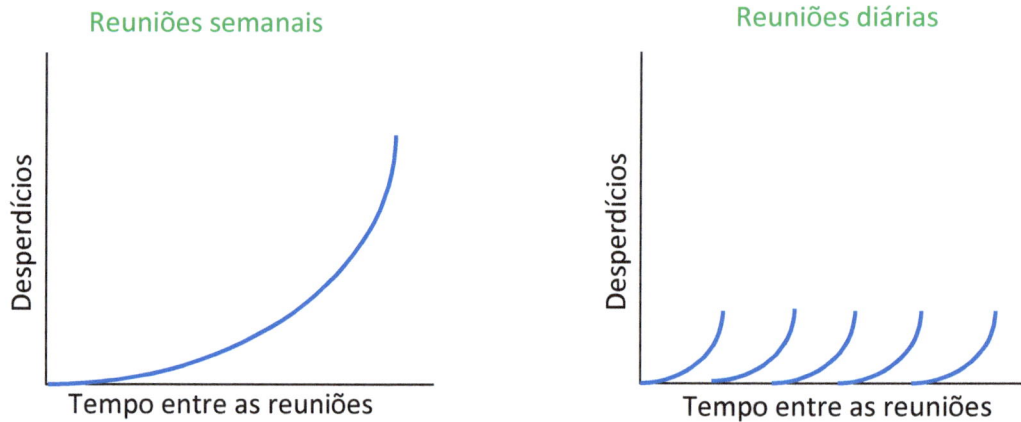

Por exemplo, se um membro da equipe descobre um erro ou problema durante a semana, ele tende a manter essas informações valiosas como um tópico de discussão para a próxima reunião. Este buraco de tempo poderia causar grandes ineficiências se o resto da equipe continua trabalhando sem saber sobre o problema, porque o trabalho feito até encontrar o erro poderia ter sido em vão.

Além disso, a sugestão para resolver este problema é muito simples: encurtar a frequência das reuniões e focar reuniões em tópicos como:

- Quem é o cliente do produto?
- Que produto tangível estamos criando?
- Como o produto afetará o sucesso de nosso projeto?

Recomendações para as reuniões de colaboração

1. Restringir as reuniões para no máximo duas horas.
2. Preparar os tópicos com antecedência.
3. Ter apenas um tópico na agenda, ou vários que estão estreitamento relacionados.
4. Somente convidar pessoas que precisam estar lá, com pontualidade... O resto não serão bem-vindos.
5. Respeitar o cronograma de conclusão da reunião para evitar a Lei de Parkinson: "as atividades estender o tempo disponível". Em outras palavras, a reunião se estenderá a todo o tempo disponível se o cronograma não for respeitado.

Recomendamos a realização de reuniões de colaboração em uma sala onde as informações do projeto são centralizadas. Quanto tempo é desperdiçado procurando as informações necessárias? ... e encontrar as últimas versões atualizadas?

Esses tipos de ineficiências precisam ser evitados, construindo o que é chamado de **sala de projetos**, e os membros da equipe irão garantir que apenas as informações atualizadas sejam armazenadas lá. Nos projetos onde a distância entre os membros da equipe impede ter uma sala de reuniões físicas, uma boa alternativa é construir um quarto de projeto virtual através da intranet Internet.

Caso Espanha - Deixar pegadas nas reuniões

Durante uma viagem de negócios na Europa, tivemos uma reunião de colaboração em uma pequena cidade de Espanha. Nessa oportunidade, devíamos discutir o andamento de um projeto sobre produtos gourmet congelados que fará parte da incubadora de negócios da cidade, que por sua vez faz parte da rede de incubadoras de empresas da Comunidade Europeia.

Esta foi a terceira reunião de colaboração entre quatros membros da equipe de trabalho para discutir algumas alternativas técnicas.

Início da reunião, a conversa:

Maria: Quem é o responsável por investigar as alternativas técnicas que os países asiáticos estão usando?

Jorge: Mas nós não discutirmos isso na última reunião?

Marta: Eu estava convencido de que foi decidido na reunião anterior.

Pedro: Mas eu pensei que você estava fazendo isso.

Então... "vamos começar de novo ...".

Qual foi a causa raiz do problema? Não deixar por escrito uma minuta do que foi decidido na reunião anterior. Esse foi exatamente nosso erro! Nós não tínhamos em mente que cada indivíduo seleciona e retêm informações de maneira diferente. O que para alguns pode ser muito importante para outros pode ser menos significativo.

Conclusão: Deixar sempre por escrito as decisões mais importantes de cada reunião, incluindo os papéis e as responsabilidades de cada um dos envolvidos. Desta forma criará uma espécie de memória compartilhada dentro da equipe com alguns benefícios tangíveis, tais como:

- Diminuir a necessidade de revisar constantemente decisões tomadas no passado.

- Recapitular facilmente decisões antigas e temas importantes.

- Aumentar a confiança de que as decisões tomadas serão implementadas com ações concretas.

LIÇÕES APRENDIDAS

As reuniões programadas com muitos convidados e uma agenda infinita são partes de uma cultura pouco ágil.

Uma empresa orientada para projetos exige reuniões curtas e intensas, programadas exclusivamente quando for necessária.

As reuniões de coordenação devem ser conduzidas apenas para facilitar a execução do projeto sem interrupções. Enquanto que em reuniões de colaboração apenas problemas técnicos devem ser discutidos.

Reuniões periódicas longas, por exemplo mensal ou semanal, geralmente são causas de muda. Este desperdício pode ser eliminado através da redução de duração das periodicidades, por exemplo, reuniões diárias de dez minutos.

Por último, há momentos em que não ter uma reunião é a chave para uma reunião bem-sucedida.

9 MANDAMENTO #4 NÃO ESQUECERÁS DA ANÁLISE DE RISCOS

Aquele que procura a verdade ...
corre o risco de encontrar.

MANUEL VICENT (1936-?)
Escritor espanhol

Se quisermos acelerar os prazos do projeto, é fundamental ter um bom plano de identificação, quantificação, priorização e resposta aos riscos.

9.1 ANÁLISE DE RISCOS

O risco é um evento incerto que, se acontecer, terá um efeito negativo ou positivo no projeto. Os riscos não podem ser eliminados, mas podem ser gerenciados.

A gestão do risco do projeto é um processo sistemático que identifica, analisa, prioriza e responde aos riscos. De acordo com o Guia PMBOK®, existem seis processos de gerenciamento de risco, que são os seguintes:

1. **Planejamento**: é onde você decide como planejar o gerenciamento de riscos nas atividades do projeto.

2. **Identificação**: determina quais os riscos que podem afetar o projeto e suas características estão documentadas.

3. **Análise qualitativa:** avalia o impacto e a probabilidade dos riscos identificados, priorizando de acordo com o seu potencial impacto sobre o projeto.

4. **Análise quantitativa:** analisa numericamente a probabilidade de cada risco e suas consequências sobre os objetivos do projeto.

5. **Planeamento para a resposta ao risco:** desenvolver ações para aumentar as oportunidades e reduzir as ameaças aos objetivos do projeto.

6. **Monitoramento e controle:** o monitoramento dos riscos serve para identificar possíveis desperdícios não previamente identificados, e para identificar novos riscos.

Não é objetivo deste livro entrar em detalhes sobre a análise de riscos do projeto. No entanto, vamos explicar brevemente como realizar uma análise de risco com **três** etapas básicas:

- **Identificar** riscos no cronograma, custos, escopo e qualidade.
- **Análise qualitativa** para estimar o possível impacto, probabilidade de ocorrência e probabilidade de detecção de cada um dos riscos identificados.
- **Priorização** de riscos e tomada de decisões.

9.2 IDENTIFICAÇÃO DOS RISCOS

Entrevistar pessoas especializadas é uma das técnicas mais utilizadas no processo de identificação de riscos.

Geralmente, a pessoa responsável pela identificação de riscos seleciona indivíduos apropriados para entrevistá-los, dá informações sobre o projeto e solicita sua opinião sobre os riscos nas áreas do projeto

Com o processo de entrevista, você pode obter informações sobre o risco associado relacionado ao escopo, tempo, custos e qualidade.

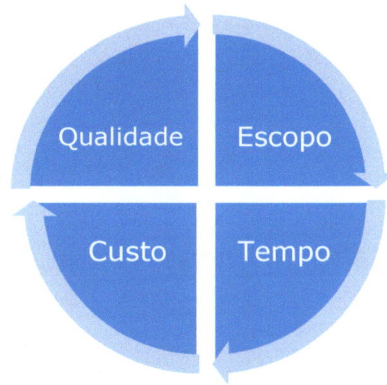

As entrevistas permitem a identificação dos principais riscos do projeto e são o ponto de partida para a análise qualitativa.

O documento que inclui todos os possíveis riscos do projeto não é o único resultado final do processo de identificação do risco. Você também identificará os fatores de risco. Por exemplo:

- Um atraso em uma das atividades do caminho crítico do projeto pode ser um fator para estimar um atraso no projeto completo.

- O efeito de um furacão poderia ser um fator para estimar um aumento de preços de produtos agrícolas.

9.3 ANÁLISE QUALITATIVA E PRIORIDADE

Uma vez identificados os riscos são necessários classificá-los. Com a análise qualitativa você pode priorizar os riscos, definindo o seguinte para cada um deles:

- A probabilidade de ocorrência.

- A magnitude do impacto no projeto.

- A probabilidade de detectar um evento de risco.

Na abordagem tradicional de gerenciamento de riscos é considerado apenas a probabilidade de ocorrência e impacto. No entanto, vamos introduzir uma terceira variável para a análise de risco: a probabilidade de detecção.

Por exemplo, quando você estiver dirigindo seu carro é muito difícil você deixar fundir seu motor por falta de óleo, porque tem uma luz vermelha que indica "que seu carro está ficando sem óleo". Quando existe a possibilidade de detectar um evento de risco, a probabilidade de prevenir esse problema é maior do que quando não existe possibilidade qualquer de detecção.

Se um furacão é um risco possível, você poderia perguntar aos especialistas qual é a probabilidade de passar um furacão pelo local do projeto, e quão grave seria o impacto no projeto (em tempo, custos, escopo e qualidade) e qual é a probabilidade de detectar isso com antecipação.

Por exemplo, na análise quantitativa dos riscos a resposta a cada uma destas questões pode ser: muito alto, alto, médio, baixo e muito baixo. Mas você pode selecionar uma escala mais ampla, como de 1 a 10, ou uma escala mais simples: alto, médio e baixo. Com estas definições de probabilidade e ocorrência, impacto e probabilidade de detecção, podemos desenvolver uma matriz de riscos como apresentada abaixo.

Probabilidade	Impacto	Detecção	Prioridade
Alta	Alto	Baixa	ALTA
...	...	...	
Média	Médio	Média	MÉDIA
...	...	...	
Baixa	Baixo	Alta	BAIXA

Podemos classificar os riscos como alta, média ou baixa prioridade. Essa classificação é subjetiva e varia para cada projeto em particular.

O pior risco seria aquele com alta probabilidade de ocorrência, alto impacto no projeto e baixa probabilidade de detecção. Por outro lado, o risco menos significativo seria aquele com baixa probabilidade de ocorrência, baixo impacto e alta probabilidade de detecção.

Poderíamos também quantificar o risco atribuindo alguma avaliação ordinal. Por exemplo, podemos atribuir uma pontuação de 1, 2 e 3. Onde 1 significa não importante e 3 significa muito importante. Em seguida, esses valores são multiplicados e uma pontuação qualitativa é calculada para cada risco identificado

Probabilidade	Impacto	Detecção	Pontuação	Prioridade
Alta = 3	Alto 0 3	Baixa = 3	27	ALTA
...	...	...		
Média = 2	Médio = 2	Média = 2	8	MÉDIA
...	...	...		
Baixa = 1	Baixo = 1	Alto = 1	1	BAIXA

Como podemos observar, com base nessa escala, o risco mais significativo tem uma pontuação de 27 e o menos importante tem uma pontuação de 1. Usando esses valores, podemos classificar os riscos ou eles poderiam ser agrupados em categorias de risco. Por exemplo:

- Pontuação de 1 a 3: riscos de prioridade baixa.
- Pontuação de 4 a 9: riscos de prioridade média.
- Pontuação de 10 a 27: riscos de prioridade alta.

Vale a pena esclarecer que este é apenas um exemplo de como usar a metodologia; os valores ordinais e as categorias de risco variarão para cada projeto em particular.

Embora seja verdade que essas categorias de risco subjetivas, elas são muito úteis para classificar os riscos. Uma vez classificados, eles podem ser priorizados e identificar qual deles requer uma análise adicional e quais não são relevantes.

Não há dúvida que essa ferramenta subjetiva não é exatamente precisa. No entanto, tende a ser mais útil e prática para começar com uma simples análise de risco. Posteriormente, esses riscos de alta prioridade devem ser examinados com uma análise mais exaustiva.

📖 Exercício 7 – Análise qualitativa de riscos

Romina Enrik, gerente geral de uma empresa internacional, está trabalhando com sua equipe para avaliar o trabalho final de um projeto de telecomunicações.

Romina: *Senhores sugiro que não percamos mais tempo com esses tipos de revisões de projeto e vamos colocar em prática o mandamento #4 de Paul Leido: "não esquecerás da análise de riscos". Porque não comemoramos nosso projeto num bar. Hoje poderíamos sair duas horas mais cedo para comemorar a aprovação do plano de projeto pelo cliente. Aproveitaremos este encontro para realizar uma análise de riscos qualitativa para que possamos priorizar os possíveis riscos que poderíamos enfrentar na fase de execução.*

O cronograma original do projeto pode ser afetado devido a atrasos nas alfândegas e devido a possíveis greves anunciadas pelos trabalhadores portuários. Em caso de uma greve, o cronograma sofrerá um atraso de alguns dias o que representa um baixo impacto sobre o projeto. A probabilidade de ocorrência para este evento e considerado alto. Enquanto isso a probabilidade de detectar a greve alguns dias antes é média.

Por outro lado, os técnicos detectaram que fatores climáticos adversos poderiam ocorrer. No caso de condições climáticas desfavoráveis, haverá um grande impacto na programação do projeto. Existe uma alta probabilidade de mau tempo no momento em que se deseja realizar o projeto. A probabilidade de detectar o mau tempo com antecipação é baixa.

Por último, é razoável esperar que algum trabalhador possa adoecer durante a implementação do projeto. Se isso acontecer, o que é uma probabilidade média, o projeto teria um atraso moderado no seu cronograma. A probabilidade de detectar este evento com antecipação é baixa.

Qual prioridade você daria para cada risco identificado no projeto?

🖐 Dedique 10 minutos para completar a resposta antes de continuar.

📖 Resposta - Exercício 7

Trabalhando com uma escala qualitativa de 1 (boa) a 3 (ruim), colocamos as pontuações de risco e a prioridade para cada risco na tabela a seguir.

	Impacto	Probabilidade	Detecção	Pontuação	Prioridade
Greve	1	3	2	6	3º
Clima	3	3	3	27	1º
Doença	2	2	3	12	2º

Uma vez que você identificou o risco mais importante, nesse caso os fatores climáticos, é necessário desenvolver um plano de resposta para esse risco. Por exemplo, se muros de contenção ou planos de evacuação forem desenvolvidos, uma vez que o evento meteorológico acontecer não será tão alto. Enquanto isso, se a data de início do projeto é alterada, eles poderiam funcionar em um momento de risco climático inferior, assim a probabilidade de mau tempo não será tão alta. Por último, se um serviço meteorológico especializado for contratado, eles podem criar um sistema que irá alertá-los sobre o tempo, assim ficariam preparados para um evento negativo.

Recomendações para reuniões de análise de riscos

1. Restringir a reunião para não mais do que metade do dia. Se necessário, dividir o projeto em partes menores para ser discutido separadamente.

2. Apenas convidar as pessoas certas que conhece os possíveis riscos.

3. Priorizar a qualidade, e não o número de convidados para a reunião.

4. Realizar uma chuva de ideias com os membros da reunião para identificar riscos possíveis.

5. Não gaste mais de trinta minutos para discutir cada um dos potenciais riscos identificados.

6. Quantificar qualitativamente cada um dos riscos identificados, com base na sua probabilidade de ocorrência, impacto e probabilidade de detecção.

7. Classificar os riscos quantificados em categorias maiores. Por exemplo, prioridade alta, média e baixa.

8. Concentre-se em uma análise aprofundada sobre os riscos de alta prioridade e busque planos de reposta para os mesmos.

LIÇÕES APRENDIDAS

Realizar uma análise de riscos antes de começar com a execução do projeto e ser proativo para reduzir futuros problemas, é o que vai ajudar a você obter um projeto mais ágil e eficiente.

É claro que os riscos não podem ser eliminados. No entanto, podemos sempre gerenciá-los mediante um bom planejamento, identificação, análise qualitativa, análise quantitativa, planejamento de resposta, monitoramento e controle.

Com a análise qualitativa de risco você pode detectar os riscos mais significativos que pode afetar os custos, qualidade e prazos do projeto, com o objetivo de priorizar os riscos mais importantes e implementar planos de respostas para esses riscos e reduzi-los.

*****

Se você tem um sonho
E acredita nele...

Corra **riscos** para torná-lo
realidade.

Walt Disney

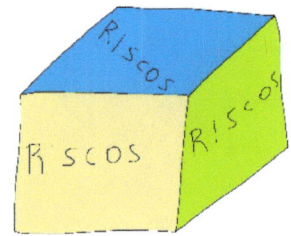

10 MANDAMENTO #5
TIRARÁS AS ETAPAS TRADICIONAIS

Ajude seu semelhante a levantar a carga, mas não a levá-la.

PITÁGORAS DE SAMOS (582 AC-497 AC)
Filósofo e matemático grego

Vamos refletir sobre os processos tradicionais ineficientes que estão impregnados em algumas organizações, e ainda não mudaram, convencidos de que eles são um mal necessário.

10.1 AVERSÃO À MUDANÇAS

Ao longo dos anos, as empresas têm construído processos burocráticos de gerenciamento de projetos que, em alguns casos, já não se aplicam aos tempos modernos que estamos vivendo. No entanto, uma vez que estes processos são profundamente enraizados dentro da empresa e trabalha "bem", ninguém tem a intenção de alterá-los. Como você pode ter observado, a palavra "bem" está entre aspas. Isso é porque nós poderíamos melhorar estes processos antiquados a fim conseguir um projeto ágil e evitar conflitos desnecessários.

No entanto, por que ninguém se importa de mudar esses processos tradicionais para algo melhor?

Em seguida, vamos contar uma história para responder a essa pergunta.

Às pessoas não se preocupam em mudar...

Eles não querem ser mudados

Caso Venezuela – Experiência dos três gatos

Alguns cientistas decidiram realizar um experimento. Eles colocaram três gatos em uma sala e uma vasilha com leite em um canto.

Rapidamente, um dos gatos tentou tomar o leite e os cientistas jogaram uma ducha de água fria nos três gatos.

Outro gato tentou tomar leite, e novamente, o jato de água foi disparado contra eles.

Logo que receberam várias duchas de água fria, os gatos, que não são tolos, aprenderam a relação entre tentar tomar o leite e a água fria. Portanto, nenhum deles tentou novamente.

Os cientistas retiraram um gato da sala e colocaram um novo gato. Imediatamente, o novo gato, tentou beber o leite que estava na vasilha, porém os outros dois gatos bateram no novato, afinal eles não queriam ser molhados novamente. O novato aprendeu lição rapidamente: "Eu não vou lá novamente, ou levarei outra surra", pensou.

Logo, retiraram um dos outros gatos antigos e colocaram um novo. Este gatinho também recebeu uma surra de seus companheiros quando tentou tomar o leite.

Por fim, os cientistas substituíram o terceiro gato antigo por outro novo gato, que também recebeu uma surra dos companheiros quando tentou beber o leite.

Na sala, já não havia nenhum dos gatos que iniciaram o experimento. Os novos gatos não arriscaram em tentar tomar o leite, afinal estavam com medo dos companheiros.

Os cientistas desconectaram a ducha de água e se foram. Passaram os anos e nenhum gato se aproximou da vasilha de leite. Mesmo que se algum bebesse, nada iria acontecer, mas eles não o fizeram, afinal o processo tradicional disse: "Isso não é permitido"

Conclusão: O problema de muitas empresas que não querem mudar seus processos tradicionais de gestão de projetos, e que muitas vezes só estão justificando uma tradição de costume.

Como podemos inferir da estória anterior, algumas empresas não se perguntam se os processos históricos, que foram úteis no passado, ainda permanecem válidos nos dias atuais.

Vídeo – Resistência a Mudança (Espanhol)

10.2 O CONGELAMENTO DAS ETAPAS

Um dos problemas em termos processos tradicionais é que as etapas dos projetos são distantes ou separadas uma das outras. A desculpa para não realizar as atividades em paralelo é que isso somente incrementaria o risco do projeto. Porém, em muitas oportunidades o problema subjacente está na aversão da mudança em seguir processos tradicionais já está sedimentado.

Por exemplo, em um projeto de construção de uma casa, pode ocorrer do construtor tradicional não querer iniciar a etapa de construção até que o cliente defina exatamente todas as especificações formais da obra. Desta forma, o construtor previne quanto ao risco de começar algo que não atenda a expectativa do cliente. Logo, um cliente insatisfeito pode exigir alterações em relação ao que já tenha sido feito, e isso, envolve muitas dores de cabeça e consequências monetárias

Porém, com o conceito moderno de trabalhar com processos em etapas congeladas, este risco pode ser evitado. Com este enfoque, é possível trabalhar etapas em paralelo sem incrementar o risco do projeto e ao mesmo tempo reduzir a duração do mesmo.

Dando continuidade ao exemplo da construção de uma casa, o cliente poderia definir as especificações gerais preliminares ou desenho do trabalho estrutural. Com essa informação preliminar será suficiente para que o construtor comece a levantar a fundação da obra. Logo, com a obra em andamento, o cliente pode definir o detalhe do tipo e desenho do telhado que a casa terá. Por fim, com a estrutura bem avançada o cliente pode definir os detalhes de acabamento interior. Com o processo de congelamento das etapas se pode reduzir o tempo do projeto sem maiores riscos, como é apresentado no gráfico a seguir:

Gestão Tradicional

Especificações Formais   Desenho do produto

Gestão Ágil

Especificação 1   Desenho preliminar

Especificação 2   Desenho do produto

Especificação final

Tempo economizado

10.3 O FUNIL DAS ETAPAS CONGELADAS

A abordagem das etapas congeladas pode ser definida como uma espécie de funil, o qual a medida que o projeto é evoluído e as decisões são tomadas, se torna muito difícil e custoso voltar a atrás.

Na parte superior do funil, a definição do projeto é bastante difusa, afinal pode ser definida qualquer coisa. Uma vez que essa fase preliminar e difusa tenha passado, o cliente e o construtor podem entrar em um acordo em relação a um desenho conceitual para o trabalho ser feito. Após essa etapa podem definir um protótipo preliminar antes de atingir a definição final do produto.

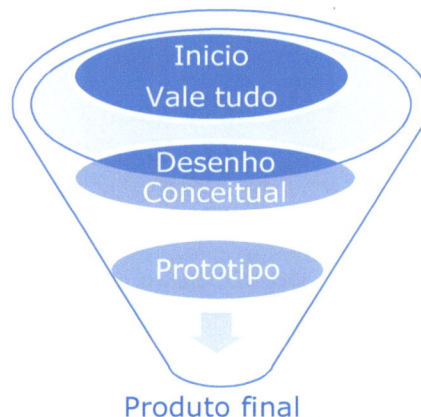

Produto final

Uma das grandes vantagens de se trabalhar com esse esquema de etapas congeladas, ou etapas pré-acordadas entre as partes, evitando os típicos problemas que surgem no esquema tradicional. Geralmente, o cliente solicita um produto final e por mais bem definido que esteja suas especificações em um contrato, na realidade dos projetos é que no início são bastantes difusas. O que geralmente ocorre é que o contratado segue as especificações do contrato e mesmo assim o cliente fica insatisfeito com o produto final, e, portanto, também com o construtor.

Ao definir as etapas congeladas entre as partes, compete ao cliente as decisões que serão tomadas à medida que o projeto avança. Com essas decisões pré-acordadas, o cliente tem consciência de que ao redefinir algo será impossível ou terá um custo maior. Isso também dará flexibilidade as partes para incorporar novas necessidades, realizar mudanças estratégicas que possam aparecer à medida que o projeto avança.

Esta abordagem não é perfeita, mas, se alguma pequena parte das mudanças típicas em projetos puder ser realizada dentro de cada período das etapas congeladas, seria essencial para economizar tempo e dinheiro.

Caso Panamá – Construção de páginas web

A empresa Webmaker sofria permanentemente grandes perdas de tempo e dinheiro devido a indecisão de seus clientes que alteravam as decisões previamente tomadas sobre a página web, que já havia sido finalizada e entregue de acordo com o orçamento e plano de trabalho. Isso acontecia devido aos clientes não tinham uma ideia clara, sendo definidas as necessidades somente quando o produto estava sendo finalizado. Assim, a WebMaker decidiu mudar a forma de trabalhar junto aos seus clientes, definindo as seguintes etapas congeladas:

1ª reunião – Mostrar aos clientes páginas webs distintas em funcionamento, para determinar se satisfazem os requisitos descritos no contrato.

2ª reunião – Definir a linguagem de programação a ser utilizada: html, flash, etc.

3ª reunião – Fornecer ao cliente três protótipos preliminares para seleção.

4ª reunião – Entregar a página final.

Com esse esquema de trabalho, a WebMarker melhorou consideravelmente sua relação com os clientes e começou a economizar tempo e recursos. Por outro lado, os clientes começaram a se comprometer desde o início do projeto e perceberam que uma vez tomada a decisão, qualquer alteração futura seria de sua responsabilidade os custos e prazos. Outro fato é que em alguns casos, os clientes não tomaram as decisões necessárias no início do projeto, por estarem inseguros, e assim, o projeto permaneceu em stand-by até que as decisões fossem tomadas. Nestes casos, os clientes compreendiam perfeitamente que a demora na entrega do produto final conforme o contrato inicial era ocasionado por eles mesmos.

Conclusão: trabalhar com um esquema de etapas congeladas ajuda com o que o cliente compreenda que qualquer alteração dos requisitos em relação a uma etapa aprovada previamente, atrasará o projeto e terá mais custos.

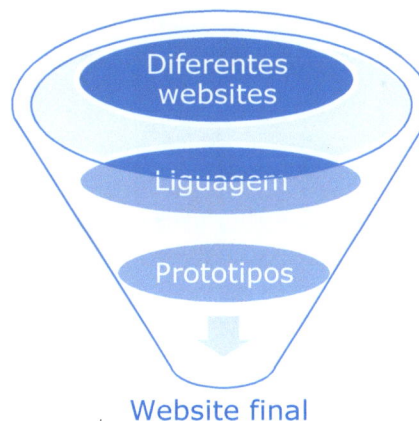

Website final

10.4 VELOCIDADE DO PROCESSO DE ETAPAS CONGELADAS

Ao implementar o esquema de etapas congeladas é percebido um trade-off entre:

- Acelerar o processo, para obter rapidamente um produto final limitado.

- Demorar o processo, para obter um produto final que avalie várias alternativas com um prazo maior em sua execução

Como se observa na figura abaixo, se o processo é muito encurtado e um conceito de gado é definido na etapa difusa do funil, um conceito de ave não poderia ser obtido como produto final.

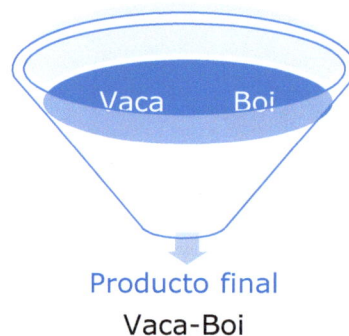

Produto final
Vaca-Boi

Acelerar o processo pode levar-nos a analisar poucas alternativas, por exemplo, projetos bovinos: vaca e boi. Portanto, o resultado final será somente um projeto bovino: vaca e/ou boi, deixando de lado outras alternativas que poderiam possíveis, como um projeto avícola.

Por outro lado, se atrasar o processo, uma quantidade maior de alternativas pode ser avaliada e o conceito do produto final pode ser melhorado. Por exemplo, como se mostra a figura abaixo, na extremidade inicial do vale tudo, seria possível discutir outras alternativas como vaca, tigre, frango e cavalo.

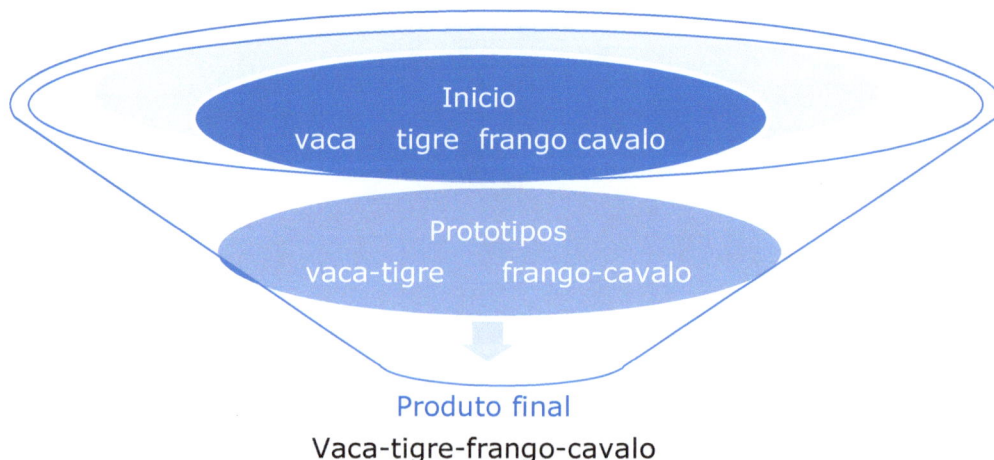

Produto final
Vaca-tigre-frango-cavalo

A medida que o processo avança, protótipos preliminares poderiam ser descritos como a vaca-tigre e cavalo-frango. Imagine como seria ter acesso à revolução biotecnológica e ser capaz de levar para casa um cavalo que coloca ovos, fornece leite e ao mesmo tempo cuida de sua casa como um tigre.

Como estamos longe dessas coisas?

Caso Honduras - Camisas on-line

A empresa Camisasa perdia muito dinheiro devido as constantes mudanças da indústria da moda. Isso ocorreu mais de uma vez quando a empresa realizou um processo de confecção de uma camisa, conforme o estudo de mercado, porém houve uma mudança repentina. Isto impactou negativamente a empresa que se viu com um grande estoque de camisas sem poder vender mesmo com valores de liquidação

Quanto a Camisasa estava à beira da falência decidiram alterar seus processos tradicionais de produção e comercialização. Começaram a vender suas camisas somente pela Internet, porém de uma forma peculiar: os clientes eram capazes de projetar suas camisas de acordo com suas necessidades e gostos. A empresa passou a produzir todas as partes separadas de uma camisa com uma grande variedade de tecidos, botões, bolsos e golas. Os clientes eram os responsáveis por juntar as peças que mais gostavam. Essa alternativa online permitiu que os clientes tivessem uma maior quantidade de combinações possíveis que qualquer outra empresa tradicional.

Desta forma, a Camisasa foi capaz de manter aberto o funil de alternativas para escolha de todos clientes até o momento final do processo, quando pagamento seria finalizado via Internet. Os materiais utilizados na fabricação das camisas que saíram de moda eram facilmente colocados individualmente para diferentes fabricantes atacadistas e normalmente utilizados para outros itens de vestuário.

O sucesso Camisasa foi tão grande que rapidamente as principais empresas europeias de moda implementaram esse sistema para comercialização.

Conclusão: manter o funil aberto pelo tempo que for possível permite oferecer novas alternativas de seleção pelos clientes, e geralmente, vantagem competitiva.

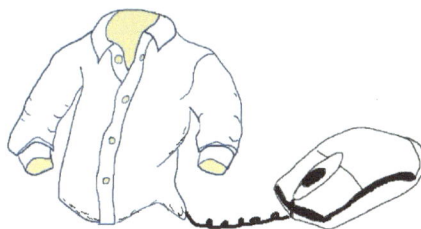

10.5 AS NECESSSIDADES OBSCURAS DOS CLIENTES

A parte mais difícil do processo das etapas congeladas é compreender as necessidades obscuras do cliente, para evitar mudanças no futuro com o projeto avançado. Existem algumas ferramentas para melhorar esse problema:

- **Feedback iterativo** entre designers e cliente. Se designers e técnicos não possuem um contato próximo com o cliente tem-se o risco de terminar o projeto com um produto feito por engenheiros e uso limitado pelos engenheiros.

- **Protótipos preliminares** construídos na base da tentativa e erro. Antes de lançar o produto final para o mercado, um teste preliminar deve ser realizado para obter informações de aceitação de acordo com os clientes. Após receber o feedback dos clientes, o protótipo preliminar é melhorado para realização de novo teste. Esse processo de tentativa e erro permite moldar o produto final para uma futura produção em grande escala.

- **Envolver a alta administração** do projeto. Em alguns projetos, a equipe trabalha isolada do cliente e alta administração (superiores) durante a fase de desenvolvimento. Assim, apresentam um produto final que não atende as necessidades dos gestores e solicitam constantes mudanças antes da apresentação ao cliente. Assim como sugerido o feedback iterativo entre o designer e cliente, é também importante obter um feedback entre designer e gerência, na medida que o projeto avança.

- **Pseudo clientes**. Este método consiste em converter os técnicos e designer em pseudo clientes. Em outras palavras, os designers realizam e utiliza o produto em desenvolvimento da mesma forma que gostaria que o consumidor. O caso a seguir demonstra dois exemplos desta ferramenta.

Caso Japão - Pseudo clientes

Quando Nissan quis introduzir seus modelos de automóveis no mercado europeu, antes de realizar os ajustes em seus veículos, enviaram a cinquenta técnicos para viver e operar durantes seis meses na Europa.

Por outro lado, quando a Matsushita criou um pequeno forno doméstico para fabricar pães e suas vendas foram desastrosas, enviaram os designers para trabalharem durante três meses como mestres padeiros em uma padaria tradicional.

As duas empresas japonesas, ao aplicar a técnica do pseudo clientes conseguiram êxitos em seus produtos.

Nissan desenvolveu modelo especiais para o mercado europeu, depois de uma experiência de vida onde se revelaram as verdadeiras necessidades desse mercado

A Matsushita modificou seu forno original baseado na experiência dos engenheiros padeiros e seu produto tornou-se um sucesso comercial, por que o pão era um produto comestível.

Conclusão: se queremos um projeto de sucesso, os desenvolvedores devem se colocar no lugar dos clientes.

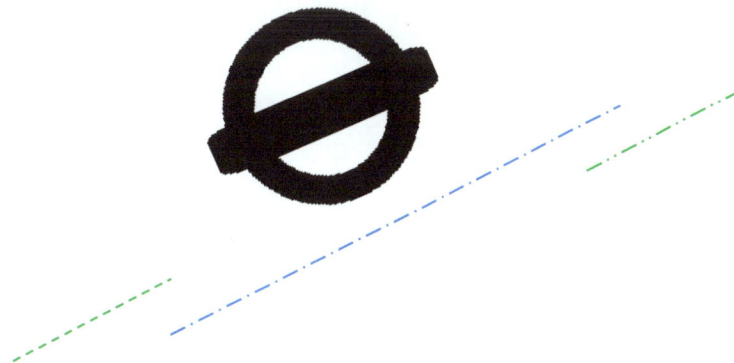

10.6 LEVANTAMENTO DOS PROCESSOS TRADICIONAIS

Podemos expandir o conceito de levantar a etapas tradicionais e eliminar esses processos. Para explicar esse conceito, vamos apresentar o caso das companhias aéreas.

Os processos tradicionais das grandes companhias aéreas latino-americanas e sua visão de crescimento são baseadas na utilização de grandes aeroportos e aviões com grande capacidade de passageiros. Desta forma, obter economias em escala é necessário manter os custos baixos e uma baixa margem nos preços das passagens. Este é o conceito de sucesso para as companhias e suas estratégias são baseadas neste.

Mas, alguém perguntou a opinião dos passageiros?

Quando se realiza pesquisas de satisfação, os passageiros sempre respondem que suas três necessidades principais são:

- Segurança
- Preço razoável
- Voo direto

Aparentemente, as companhias aéreas têm esquecido a necessidade do cliente em voos diretos. Isto significa que o passageiro estaria disposto a pagar um pouco mais para a companhia que ofereça um voo direto de sua origem ao seu destino.

O conceito de grandes aeroportos e grandes aviões é totalmente contra a necessidade de voos diretos. Nesse caso, é possível observar tantos exemplos deste problema que surgem ao manter a implementação de processos tradicionais.

Caso Equador – Como viajar de Quito a Mendoza

Milhares de passageiros frequentes que vivem em pequenas cidades estão presos em processos tradicionais das grandes companhias aéreas latino americanas. Alguns anos atrás, depois de um seminário em Quito (Equador), nós tivemos que viajar para Mendoza (Argentina). Graças a Deus, tivemos muita sorte para conseguir um lugar em um voo direto para chegar rapidamente ao destino. Saímos do hotel, três horas antes do voo, chegamos ao aeroporto com duas horas e meia antes do horário da partida. Isto foi arriscado, pois a tendência é que estejamos no balcão três horas antes da partida de um voo internacional e evitar que digam: "Lamentamos, mas seu bilhete foi cancelado pois não estava presente no momento"

Ao chegarmos no aeroporto, entramos na primeira fila, o atendente somente esqueceu de perguntar nosso grupo sanguíneo. Depois, enfrentamos uma hora de fila no check-in, o que não seria tão mal comparado com outros grandes centros. A terceira fila era para pagamento dos impostos de saída, onde permanecemos por mais vinte minutos. Porque não pagar o imposto no próprio balcão de check-in?

Após isso, foi necessário enfrentar mais duas pequenas filas muito interessante: a primeira com uma pessoa que comprovava que o imposto realmente havia sido pago e logo em seguida, um outro oficial revisava se os impostos haviam sido verificados. A sexta fila era o controle de migração e a sétima para checar as bagagens de mão. Por sorte, já estávamos na reta final, uma oitava fila e uma enorme espera para embarcar no avião. O voo fez escala em Guayaquil, onde ficamos em solo por quarenta e cinco minutos e partimos finalmente para Lima, onde tivemos que esperar no aeroporto para mudar de aeronave. Obviamente, ali também foi necessário enfrentar longas filas para checagem das bagagens, uma vez que grandes gênios da segurança internacional em aeroportos definiram assim. Felizmente, depois de todas as correspondentes filas embarcamos rumo a Santiago (Chile) sem o famoso voo em atraso.

No Chile, nossas bagagens foram novamente checadas e depois de algumas horas de espera, embarcamos para Mendoza. Além disso, tivemos sorte de um grande nevoeiro não ter suspendido o voo, como habitualmente acontece. Uma vez que chegamos a Mendoza, enfrentamos a fila de migração por quarenta e cinco minutos onde nossa bagagem foi verificada pela quarta vez pela equipe. Por fim, é necessário adicionar o tempo de espera na área de bagagens despachadas, que também foi verificada.

Na verdade, tudo transcorreu muito bem e chegamos em casa em tempo recorde: dezoito horas e quatorze filas! Isto não é comum, pois geralmente esses voos atrasam ou são cancelados tendo como média de vinte e duas horas de viagem. E é melhor não contar a história que aconteceu ao viajar para de San Pedro Sula (Honduras) para Mendoza, em uma viagem recorde de trinta horas, com diversas escalas por todos os aeroportos existentes na América Latina. Não vamos falar sobre nossa última viagem a Santo Domingo (República Dominicana), que depois de dois voos cancelados, a odisseia durou quarenta e nove horas.

Conclusão: de acordo com os passageiros, diversos processos tradicionais não tem o menor significado e podem perfeitamente ser adequados ou eliminados.

Já não está na hora das companhias aéreas explorarem esse nicho de mercado onde os clientes estão dispostos a pagar um pouco mais para terem voos diretos, sem conexão?

Claro que para isso, será necessário levantar todos os processos tradicionais associados aos grandes aeroportos e aviões. O novo conceito deveria se basear em processos que envolvam pequenos e eficientes aeroportos, que cuidam da segurança com o mínimo necessário de controle e utilizam pequenos aviões para transportar os passageiros entre cidades pequenas.

Talvez essa ideia seja utópica e muito distante para o momento, porém se permanecer a desenvolver o modelo tradicional, nem mesmo com os combustíveis alternativos de baixo custo, poderá atender as necessidades do cliente com voos diretos.

Outras alternativas para conseguir ir diretamente para outras localidades seriam os trens ou ônibus. Porém, diversas empresas estão copiando esse modelo burocrático dos aeroportos, somente por que eles fazem isso sem levar em consideração a necessidade dos seus clientes. Se você não acredita em mim, conheça o moderno terminal de ônibus de Neuquén (Argentina) onde o manuseio de bagagem é realizado por esteiras transportadoras copiadas do modelo aeroportuário. Parece que se esqueceram que no passado os passageiros poderiam chegar ao ônibus cinco minutos antes da partida e levava 5 minutos para descer do ônibus já com sua bagagem. Este processo foi alterado por um tempo de pré-embarque de trina minutos e uma espera de mais trina minutos para retirar suas bagagens. Obviamente, com uma taxa de embarque para administrar tudo isso!

Se os processos tradicionais não podem ser eliminados, então, pelo menos, **devemos tentar não imitar os processos que negligenciam as necessidades dos clientes.**

LIÇÕES APRENDIDAS

Se sua empresa é rica em processos tradicionais pouco eficientes, porque não os modificar. Se a sua resposta é "porque a tradição não nos permite", então basta levantar esses processos. É muito provável que descubra que essa aversão a mudança, inata a muitas organizações não é tão difícil de eliminar.

Por outro lado, é extremamente importante envolver o cliente durante o andamento do projeto. Para fazer isso, o esquema de etapas congeladas é uma abordagem muito útil para alcançar o objetivo pois o progresso do projeto é definido em cooperação com o cliente.

A parte mais difícil deste esquema é entender as necessidades confusas dos clientes nas etapas iniciais do projeto. As seguintes ferramentas podem ser utilizadas neste caso:

- Feedback iterativo entre a equipe técnica e o cliente.
- Analisar os protótipos preliminares.
- Envolver a alta gerência para iniciar qualquer processo.
- Fazer com que a equipe de trabalho se coloque no lugar do cliente (pseudo clientes).

11 Mandamento #6
DESEJARÁS OS MÉTODOS VISUAIS

Um homem nunca olha para o céu só porque está em suas vistas.

JEAN DE MONET (1744-1829)
Biólogo francês

Aqui analisaremos a importância de trabalhar com ferramentas visuais, ao invés de longos documentos textos.

📖 Exercício 8 – Sinais Visuais

Chapa Demo, gerente de projeto, tem poucas semanas para que sua equipe finalize o projeto. Um dos membros chaves da equipe adoece, e é necessário contratar um substituto urgentemente a fim de cumprir o prazo do projeto. A aprovação depende da gerente funcional, chefe de Chapa   .

Chapa: eu chamei vários funcionários da empresa e ninguém está disponível para trabalhar no projeto. Eu também enviei diversos e-mails para meu chefe nos ajudar, mas ainda não recebi resposta. Entrei em contato com o departamento de recursos humanos solicitando a contratação urgente de uma pessoa treinada, ou realocar pessoas de outras áreas no projeto, com o intuito de salvá-lo, mas nenhum parece estar preocupado.

Depois de várias semanas, este assunto é abordado em uma reunião de progresso do projeto, mas o prazo é devido. Não há nada que possa ser feito a fim de remediar a situação. Tempo perdido não pode ser recuperado, o projeto foi adiado e o cliente está muito infeliz.

Muitos projetos fracassam por questões que ultrapassam a capacidade de controle da equipe do projeto. Muitos gerentes de projetos são muito bons para resolver problemas, mas não é fácil encontrar   executivos   que tomam decisões em tempo hábil para apoiar suas equipes e assim mitigar os possíveis problemas.

Como essa situação pode ser mitigada para futuros projetos? Você consegue pensar em algum método prático que possa ajudar?

🖐 5 minutos

📖 **Resposta – Exercício 8**

Os gerentes funcionais das empresas estão sobrecarregados com problemas urgentes que devem responder. Quando Chapa foi comentar um problema com sua chefe, com certeza o direcionamento foi: "nós veremos isso", para testar se realmente era importante ou não.

Se pudéssemos ajudar os gerentes funcionais a informa-los o que realmente é importante e prioritário, os projetos poderiam ter mais chances de êxito. Porém, comunicar os desvios do projeto em palavras, como fez Chapa, pode ser menos efetivo quando comunicamos com alguma forma gráfica. Por exemplo:

- Marcar em vermelho as atividades que está atrasando e a nova data final prevista devido ao problema.
- Traçar um montante que deverá ser pago em multas devido ao atraso de atividades por falta de recurso.
- Comunicar através de um histograma de recursos sobrecarga ou falta de recursos
- Colocar semáforos de cores com estado do avanço do projeto.

Agora vamos desenvolver várias dicas que serão úteis quando comunicarmos graficamente o andamento do projeto.

11.1 MÉTODOS VISUAIS

Mais de uma vez já tenha escutado a frase "***uma imagem vale mais que mil palavras***". Não há nada mais certo que essa frase e esta é a base do mandamento deste capítulo.

Documentos escritos tem uma grande vantagem de serem muito flexível, mas geralmente são ineficientes. Eles falham por estarem cheios de palavras que poderiam ter sido evitadas. Todas essas palavras poderiam ser substituídas por cores, formas, ícones, gráficos, protótipos, etc.

Não há nada de novo sobre utilizar métodos visuais, mas parece que os seres humanos têm burocratizado coisas simples com textos intermináveis. Basta pensar como séculos atrás, os gregos e os romanos transmitiam bandeiras como sinais para delinear suas táticas de guerra no campo de batalha.

O que significa essas figuras abaixo?

ゴミ箱

Correto! Não importa se está escrito em japonês, essas figuras significam lixo e o bom senso nos diz que se está em frente a um PC, então tudo que jogamos nele não vamos usá-lo novamente. Este foi o conceito gráfico que a Apple Macintosh estabelecido pela primeira vez como parte do seu sistema operacional. Esta figura simples evitou a necessidade de escrever longos manuais para explicar o significado dessas imagens.

11.1.1 Cores

Uma ferramenta poderosa para utilizar em conjunto com as figuras são as cores.

O que representa o vermelho no gráfico de Gantt abaixo?

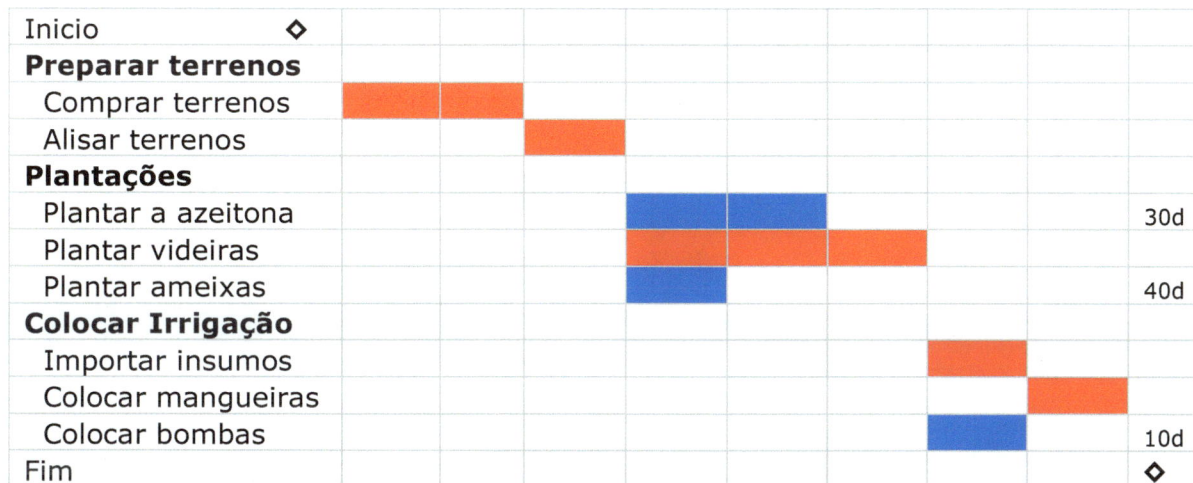

Inicio ◇								
Preparar terrenos								
Comprar terrenos								
Alisar terrenos								
Plantações								
Plantar a azeitona								30d
Plantar videiras								
Plantar ameixas								40d
Colocar Irrigação								
Importar insumos								
Colocar mangueiras								
Colocar bombas								10d
Fim								◇

Se você tem experiência em gestão de projetos e utiliza o MS Project, não temos dúvida que sua resposta será óbvia: as atividades em vermelho são críticas. Uma atividade crítica é aquela que se atrasar, atrasa todo o projeto. As atividades em azul são aquelas que possuem folga. Os dias de folga dessas atividades representam quanto elas podem ser atrasadas sem impactar a data estimada final do projeto.

Agora, se é a primeira vez que utiliza um gráfico de Gantt, seguramente você pensou que o vermelho significa perigo e o azul significa que esteja tudo certo. Tanto os que conheciam o gráfico quanto os que novatos chegaram a uma mesma conclusão.

O gráfico abaixo, mostra o histograma de recursos. Neste caso, a cor vermelha representa que o recurso está super alocado. Por exemplo, seguramente Carlos não poderá conduzir as tarefas que estão sendo designadas para ele conforme a data de excesso de alocação.

Isto explica tudo, porque Carlos só tem uma cabeça e dois braços, e o dia tem vinte e quatro horas, embora seu chefe pense ao contrário. ☺

	Jan	Fev	Mar	Abr	Mai	Jun
Carlos						
Super-Alocado						
Alocado						
Recursos Alocados:		1	2	2	1	

11.1.2 Fotos

Outra ferramenta que fala por si só, são as fotos.

Em um de nossos últimos treinamentos, um dos palestrantes perguntou:

"Como é o congresso de gerenciamento de projetos em sua cidade? "

A resposta foi muito simples: "olhe as fotos das equipes de projetos nas montanhas e adegas"

Assim, após olhar as fotos, um interessado respondeu: "isto é o suficiente, não preciso ler todo o conteúdo do programa"

11.1.3 Figuras

Em nossa empresa de consultoria em projetos, +C, temos implementada uma política de apresentação de documentos escritos: tudo que posso dizer em **formato de tabelas e/ou gráficos, não precisa ser escrito**.

Participação no mercado - 1º Quadrimestre

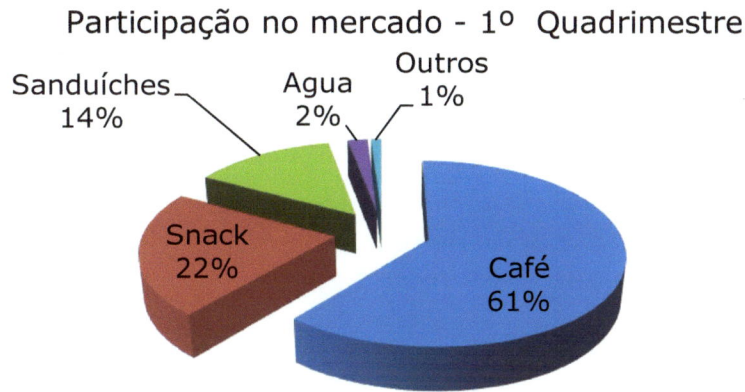

Qual o sentido de apresentar o gráfico em um relatório e ainda escrever:

"Como você pode observar, a participação do mercado no primeiro quadrimestre, aponta o café em primeiro lugar com sessenta e um por cento do total de vendas, enquanto em segundo lugar os produtos snacks com vinte e dois por cento de participação; em terceiro lugar observamos os sanduíches, com quatorze por cento; a água com dois por cento e por fim, outros produtos com um por cento de participação. "

Escrever tudo isso seria desperdiçar aproximadamente 70 palavras, gastar tempo na redação e estaria contra a filosofia lean e ágil. Além disso, é muito mais simples atualizar ou alterar o gráfico / tabela do que modificar todo o texto elaborado.

Finalmente, aqueles que escrevem relatórios de projetos sabem que mesmo o mais experiente profissional, irá atualizar todos os gráficos e deixará algum texto desatualizado. Por que acrescentar riscos desnecessários ao escrever textos?

11.1.4 Símbolos

Algumas empresas já utilizam símbolos para identificar rapidamente os status de seus projetos. Por exemplo, a consultoria internacional Bain, especialista em estratégias, introduziu nas empresas uma cultura de símbolos que todos os funcionários entendem os status dos projetos.

Símbolos Bain

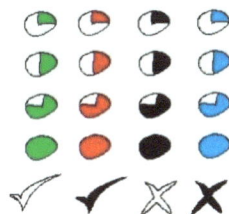

11.1.5 Protótipos

Outra excelente ferramenta utilizada para apresentar projetos é o protótipo. É muito utilizado por arquitetos e engenheiros em projetos de construção, que apresentam os modelos preliminares do projeto.

Esses protótipos podem ser elaborados através de um software de simulação 3D, possibilitando uma experiência virtual em conhecer o futuro projeto e supera amplamente qualquer documento escrito.

Protótipo   Real

11.2 ESTADO VISUAL DE EXCEÇÕES

A teoria da informação proporciona uma poderosa mensagem: **"o valor da informação não se determina pelas semelhanças e sim pelas diferenças"**.

O que você se lembra do trajeto para o trabalho desta manhã?

Se não lembrar de nada, não é por falta de memória, e sim porque não ocorreu nada de extraordinário em seu trajeto. Com certeza, recordaria de coisas não rotineiras como colisões, manifestações, um novo outdoor, etc.

No mundo dos projetos devemos agregar valor à gestão informando somente aqueles eventos extraordinários ou que desviam o projeto. Para isso a empresa precisa desenvolver uma ferramenta visual para as exceções.

Devemos ajudar os executivos a simplificar suas tomadas de decisão informando somente sobre os eventos extraordinários. Voltando ao exercício da Chapa (gerente de projetos), não é que os executivos não ouviram ou não entenderam o problema, mas que em seu dia a dia, esses executivos estão extremamente envolvidos em criar novos negócios ou apagar incêndios. É comum que executivo ouça diversos problemas em um dia, e ao chegar um novo, a reação é como se fosse feito de teflon. Principalmente quando ele descobre que a maioria desses problemas não eram realmente uma prioridade.

Para melhorar a comunicação entre o gerente de projetos e a alta gerência é interessante utilizar o estado visual de exceções como as figuras apresentadas abaixo.

Na tabela abaixo, o líder do projeto demonstra o avanço do projeto e seu impacto sobre o custo, tempo e qualidade. As setas horizontais significam normalidade, as setas para cima significam que está muito bem e as setas para baixo representa problemas. Estes problemas podem ser custos excessivos, atrasos ou má qualidade das entregas.

Tarefa	Responsável	Custo	Tempo	Qualidade
Desenho do produto	J. Perez	↓	↓	↓
Desenho do pacote	M. Ruiz	↔	↔	↔
Plano de Produção	F. Mir	↑	↑	↑
Selecionar distribuidor	P. Pipe	↓	↔	↑

Essa informação pode ser enviada ao gerente de forma periódica. Com esse esquema visual, o gerente estaria em melhores condições de atuar sobre os problemas prioritários e responder as necessidades do líder do projeto.

Abaixo, temos um exemplo semelhante ao anterior, para avaliar o avanço do portfólio de projetos, comunicando o estado visual das exceções.

Projeto	Responsável	Próxima entrega	Estado
A	Marcela P.	Demonstrativos Preliminares	↓
B	Seba B.	Aprovação Teste Final	↔
C	Jorge S.	Empacotamento para envio	↑
D	Mónica B.	Reunião inicial do projeto	↔
E	Gustavo R.	Revisão do desenho	↑
F	Guido A.	Assinar contrato com cliente	↓

Tipicamente, uma imagem é mais eficiente que vários documentos de texto. Trabalhar com um esquema de estado visual de exceções é muito útil para ajudar a gerencia a distinguir as prioridades do projeto. Desta forma, melhora a tomada de decisão, não somente a favor do projeto, mas também em favor da equipe de trabalho.

LIÇÕES APRENDIDAS

Escrever longos textos com o status de nossos projetos é ineficiente. Ao invés disso, deveríamos utilizar os métodos gráficos que com certeza trará mais atenção: **cores**, figuras, símbolos, tabelas, protótipos, etc.

Para que a alta gerência se preocupe com os desvios do projeto, é essencial comunicar as exceções, ao invés de semelhanças

Se pudéssemos implementar um estado visual de exceções, seria de grande valia para detectar rapidamente as prioridades e atuar de maneira proativa para mitigar os problemas do projeto.

*****

12 MANDAMENTO #7 NÃO MATARÁS OS MÉTODOS PADRÕES

Planejar: preocupar em encontrar o melhor método para alcançar um resultado acidental.

AMBROSE BIERCE (1842-1914)
Escritor americano

Este mandamento significa que se sua empresa já possui implementado ferramentas eficientes para a gestão de projetos, você deve tentar não mudar a fim de ser inovador. Faça somente as inovações necessárias baseadas na cultura lean e ágil que você trabalhou duro para desenvolver.

12.1 NÃO REINVENTAR A RODA

Porque as cadeias de fast food usam receitas para fazer seus hambúrgueres?

Esses hambúrgueres poderiam ser feitos e comidos sem utilizar qualquer receita. No entanto, essas antigas receitas permitem que outros cozinheiros realizem exatamente o mesmo **sem muito esforço** e também ajuda o modelo de negócios dessas empresas crescer em todo o mundo.

Sem essas receitas, cada cadeia de fast food iria arriscar a qualidade de seus alimentos por uma enorme e indesejada variabilidade. Esse grau de qualidade disperso aconteceria mesmo se a empresa contasse com os melhores chefs do mundo para fazer hambúrgueres simples.

Este exemplo não deveria ser muito diferente no mundo dos projetos. Se uma empresa já tem estabelecido métodos eficientes para as atividades repetitivas em seus projetos.

Qual a necessidade de reinventar a roda?

Por que não aproveitar ao máximo esses métodos bem-sucedidos, e deixar a criatividade para coisas mais importantes?

Havia algumas empresas que possuíam o slogan "nós éramos 100% criativos" que perderam milhões de dólares e entraram em falência. Para não repetir esse mesmo fracasso é recomendado **utilizar os processos tradicionais**, que que são bem-sucedidos para as atividades que o projeto necessita. Esses processos seriam o caso de solicitar uma ordem de compra ou carregar banco de dados.

Algumas regras de trabalho também podem ajudar a definir uma cultura de trabalho e processos tradicionais eficientes, como por exemplo:

- Não atrasar para a reuniões,
- Proibir instruções verbais sobre o progresso do projeto,
- Não se limitar à um único orçamento, dentre outros.

Com base nesses métodos tradicionais, é necessário continuar seguindo a perfeição nos projetos, como indica o quinto princípio *lean,* a fim de seguir melhorando a receita sem a necessidade de começar tudo de novo a cada vez que um projeto é iniciado.

Um **método padrão** em uma receita permite que qualquer membro da equipe do projeto execute uma tarefa com a habilidade de especialista sem a necessidade de reinventar a roda.

12.2 O GUIA PMBOK®

Entre os principais serviços oferecidos pelo Project Management Institute (PMI)[7] é o desenvolvimento dos padrões das práticas de gerenciamento de projetos em todo o mundo. Por exemplo, o Guia de práticas PMBOK (Project Management Body of Knowledge) é um padrão reconhecido internacionalmente onde possui uma série de processo para gerenciar eficientemente os projetos. Este livro também inclui glossário com definições, conceitos e termos aceitos pela profissão.

O PMI® é uma instituição fundada em 1969, e sua sede está localizada na Filadélfia, EUA. Entre os objetivos do PMI®, temos:

- Aumentar o escopo e qualidade da gestão de projetos
- Estimular o uso da gestão de projetos em benefícios dos negócios e público em geral

O Guia PMBOK® foi homenageado pelo American National Standard Institute e atualmente é um dos livros mais conhecidos em gerenciamento de projetos. Abrange dez áreas de conhecimento que são apresentadas na figura abaixo:

---

[7] PMI e PMBOK são marcas registradas por Project Management Institute, Inc.

Se já existem processos internacionalmente aceitos para a gestão eficiente de projetos, como o Guia PMBOK, não se justifica reinventar a roda com novos processos para gerir os projetos. A isto refere-se o mandamento 7, "não matarás os métodos tradicionais"

Deveríamos seguir melhorando os processos de gestão eficiente partindo como base os padrões existentes, como o Guia PMBOK e o livro *Director de Proyectos* e isso não significa falta de criatividade. ☺

Caso Disney e Pixar - Processos contra Criatividade

Alguns críticos costumam dizer que os processos tradicionais vão contra a criatividade. Mas não será que graças a processos tradicionais eficientes, as equipes podem se concentrar no planejamento criativo a longo prazo?

Não há dúvida de que, a divisão de filmes animados da Disney sempre teve muita criatividade. Seus projetos foram baseados principalmente em filmes artesanais feitos desenhos manuais que vão desde Branca de Neves e os Sete Anões (1937) até O Rei Leão (1994). No entanto, a Pixar tornou-se líder do negócio "filmes animados por computador".

Pixar é caracterizada pela automação dos processos, obedecendo as quatro etapas do ciclo de projeto: desenvolvimento, pré-produção, produção e pós-produção. A Pixar é menos criativa que a Disney? Aparentemente, esse parece não ser caso, já que em 1991 a Disney realizou uma aliança estratégica com Pixar para incorporar a tecnologia de desenhos computadorizados e automação de processos em seus novos lançamentos: Toy Story (1995), Buscando Nemo (2003), Os Incríveis (2004) e Universidade dos Monstros (2013).

No ano de 2003, o presidente da Pixar, Steve Jobs, criador da Apple, anunciou a separação da Disney a partir do ano de 2006, por não chegar a um novo acordo sobre a propriedade intelectual das animações. As ações da Disney caíram 4% com essa notícia, indicando que o mercado estava de acordo com o modelo criativo da Pixar, baseado em processos automatizados de gestão de projetos. Finalmente, a Disney adquiriu a Pixar, pagando com ações da própria empresa.

Conclusão: O caso da Pixar é certamente um exemplo de sucesso dos métodos tradicionais associados com atividades de alta criatividade. Os métodos tradicionais não matam a criatividade, economizam custos e tempo, permitindo que os recursos possam ser usados com mais eficiência na criação de valor.

LIÇÕES APRENDIDAS

Se os processos e normas tradicionais funcionam bem, não toque neles! Deixe a criatividade para as coisas mais importantes.

Mas como? Não dissemos no mandamento 5 que para retirar as etapas tradicionais?

Isto é como o Yin e o Yang, duas forças opostas e complementares que se encontram em todas as coisas. Se algo pode ser melhorado, vamos melhorar (mandamento 5) e se um processo funciona bem, para que o mudas? (Mandamento 7)

Podemos ser criativos, seguindo métodos tradicionais.

Finalmente, se queremos implementar processos eficientes de gestão em seus projetos, não invente tudo do zero, comece com o que já existe e funciona bem e no mercado (ex: Guia PMBOK®)

13 MANDAMENTO #8 NÃO CRIARÁS LONGAS ESPERAS

Aquele que espera, desespera.

Provérbio Popular

A mensagem principal deste mandamento é pensar na satisfação do cliente, interno ou externo, e dentro do possível, evitar processos que requerem longas filas ou esperas desnecessárias.

13.1 FILAS E ESPERAS

O mundo dos projetos em que vivemos está repleto de filas e esperas. A maioria dos setores públicos merece uma atenção especial, que poderia ser classificada como processos burocráticos campeões das filas e esperas. Essas são geralmente originadas da gestão de documentos físicos e formulários. Conforme mencionado em capítulos anteriores, essa é uma das grandes falhas ao fluxo que produz enormes ineficiências e atrasos na gestão de projetos.

Geralmente, essas esperas são originadas pelo sistema de *ordem de chegada* (FIFO – First In First Out), apenas porque algumas empresas estão convencidas que é mais justa.

Acredite ou não, esse sistema ainda é aplicado não só no setor público, mas também pelo setor privado. Como, por exemplo, alguns médicos, mecânicos, técnicos de informática, cabelereiros, restaurantes, gerentes de projetos, etc.

No mundo dos projetos *ágeis*, não há nada mais injusto do que criar esperas desnecessárias ou não priorizar com base no valor gerado para cada projeto.

Na figura abaixo, é mostrado o sistema FIFO (First In, First Out).

FIFO

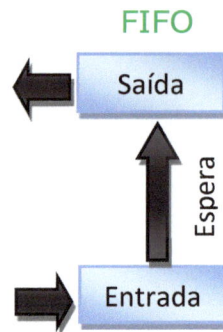

Dizem que o sistema FIFO é um mal necessário para as organizações precisam passar, e nos próximos capítulos, vamos aprender alguns remédios para ele.

13.2 SISTEMA DE RESERVAS

Em todos os projetos onde a capacidade produtiva de cada recurso é conhecida e a hora de chegada bem estabelecida, o sistema *FIFO* pode ser substituído pelo sistema de turnos e reservas.

É possível que o leitor já tenha sofrido algumas horas em filas e esperas em consultórios médicos. Por essa razão, vamos ver se podemos encontrar uma solução para essa doença. Qual a necessidade de um médico trabalhar com o esquema FIFO? Por que alguns médicos não respeitam o tempo atribuído para uma consulta? Será que eles acreditam que seu tempo é mais valioso do que o nosso? Ou que eles não aplicam processos ágeis para um melhor planejamento e gerenciamento do tempo?

Mesmo em uma área complicada quanto aos serviços de saúde, algumas empresas que trabalham com processos têm mostrado que é possível passar para um sistema de turnos e reservas que beneficia o cliente. Isso é mostrado na figura abaixo:

Turnos

Um exemplo é o Instituto Zaldívar, reconhecido internacionalmente pela cirurgia de olhos, certificado pela norma ISO 9001 e empregando um eficiente sistema de processos que garantem um ótimo atendimento ao cliente com o mínimo de espera. Está clínica sabe que com base em seu equipamento físico e recursos humanos, eles só podem realizar um número limitado de consultas e cirurgias todos os dias. Portanto, eles concedem reservas com antecedência, a fim de garantir que os pacientes não necessitam esperar.

Obviamente, o Instituto trabalha com um sistema de gestão de risco para permitir tempo livre para tratar casos de emergência sem interferir com o funcionamento normal das reservas.

Outro exemplo comum quando as filas e sistemas de espera são usados, é quando os gerentes estão muito ocupados e um relatório é mantido por vários dias, ou meses, em uma mesa antes de ser revisado. Em vez disso, o gerente pode atribuir uma vez para revisar esse relatório. Dessa forma, o membro da equipe pode continuar melhorando o relatório até que seja o momento de ser revisado. Não é uma tarefa fácil, mas em nossa empresa de serviços +C, ele foi implementado sem muita dor. Tudo o que é necessário é *querer, planejar e pensar de forma ágil*.

Todos os exemplos de FIFO mencionados acima (médicos, mecânicos, técnicos, cabeleireiros, restaurantes, gerentes de projeto, etc.) poderiam muito bem serem alterados para um sistema de turnos e reservas para cumprir o mandamento "você não deve criar longas esperas ".

Caso Disney – Filas e esperas

Em 1986, eu era jovem e visitei um grande parque de diversões Walt Disney World. Eu aprendi que para a maioria brinquedos com alta demanda, como a montanha espacial, tivemos que permanecer várias horas na fila. Uma coisa surpreendente que observei era o sistema estatístico usado, porque uma vez que você estando na fila, saberá exatamente quantas horas e minutos permanecerá. Na minha juventude, fiquei espantado com estatísticas tão precisas, que não eram comuns em minha pequena cidade.

No entanto, muitos anos depois eu me perguntava ... se essas estatísticas eram tão espetaculares, por que não me dar um retorno como: "Volte em duas horas e quarenta e cinco minutos para seu passeio". Eu poderia ter usado meu tempo precioso em outros passeios menos demandados, comprando pipoca ou tirando fotos com alguns personagens da Disney. Não só eu teria sido mais feliz, mas teria gasto vários dólares adicionais na Disney. A partir de hoje, a Disney World começou a aplicar pensamento ágil e oferece ao cliente a opção de dar uma volta (fast-pass) para fazer passeios.

Por outro lado, as companhias aéreas também começaram a reunir estatísticas para ver quanto tempo um passageiro leva desde o fim da fila até o balcão. Muitas companhias aéreas descobriram que é necessário continuar promovendo que os passageiros cheguem ao aeroporto três horas antes de seus voos internacionais.

Quanto mais levaria essas companhias aéreas a aplicar um processo mais ágil com reservas e turnos? Temos que esperar vários anos como no caso da Disney World? É realmente tão difícil nos dar um retorno que diz "voltar em duas horas e você será atendido"? Poderíamos usar esse tempo precioso para ler o jornal , beber um café, para comprar presentes, verificar e-mails e redes sociais, ligar para um amigo usando o Skype, ou para tirar um cochilo.

Conclusão: Se quisermos agregar valor aos nossos projetos, é extremamente importante e justo substituir o sistema FIFO por um sistema de reservas.

13.3 SISTEMA DE ARQUIVOS ELETRÔNICOS

Às vezes, o sistema FIFO se origina de processos burocráticos de gerenciamento de arquivos físicos. Nenhum membro da equipe deve passar para próxima fase do projeto sem que tenha assinatura na forma física ou arquivo.

Algumas organizações funcionais possuem escritórios que parecem ser independentes do restante da equipe, tornando difícil para qualquer um saber em que escritório o arquivo está parado. Usualmente, a resposta para esse problema é: "é um mal necessário para ter um melhor controle sobre a organização"

A burocracia dos registros físicos realmente significa um melhor controle?

Porque não melhorar o controle com ferramentas mais eficientes?

Uma solução muito boa para esse mal necessário, seria passar de um sistema de arquivo físico para um processo de arquivo eletrônico. Essa alteração irá agilizar o processo e não reduzirá o controle, resultando em uma grande redução de tempo.

Caso Paraguai – Arquivos Eletrônicos

A empresa Think S.A. é especializada em implementação de processo de mudança de um sistema de filas e esperas com utilização de arquivos físicos, para um sistema eficiente de utilização de arquivos eletrônicos. Por exemplo, em uma cidade do Sul, implementaram um sistema de arquivos eletrônicos para o serviço de entrega de licença comercial.

Antes da mudança, a concessão de uma licença, levava pelo menos trinta dias e muitos processos internos eram sequenciais. Devido a quantidade de processos burocráticos existentes, havia mais de 170 canais de comunicação para conceder uma licença a um negócio.

Uma mudança organizacional foi essencial para lançar um sistema de arquivos eletrônicos. Também foi importante incentivar os funcionários para que eles quisessem mudar o processo, e assim, conseguir uma melhor qualidade de vida (melhores resultados com menos esforço). Portanto, a metodologia de trabalho foi envolver todas as partes interessadas e definir o problema (o emaranhado de processos). Isto incentivou-os a contribuir com sugestões para soluções ao problema. No final e por consenso, os próprios funcionários optaram por mudar a forma de como trabalharam.

Após quatro meses de implantação deste projeto no município, os processos informatizados estavam sendo realizados em paralelo com maior controle do que na situação inicial. O processo de concessão de uma licença comercial caiu para uma média de cinco dias e com um número menor que 35 canais de comunicação. Sem mencionar as grandes economias de custos com papel e cuidados ambientais alcançados com este processo ágil.

Conclusão: A implementação de processos ágeis não implica negligenciar os mecanismos de monitoramento e controle. Por outro lado, muitas vezes reforça o controle ao eliminar processos burocráticos e ineficientes.

LIÇÕES APRENDIDAS

Precisamos tentar trabalhar com um sistema de reservas e turnos em vez de um modelo FIFO que ignora as prioridades.

Em vários projetos é melhor implementar um processo de arquivos eletrônicos ao invés de um processo sequencial físico.

Agilizar os processos da organização não significa ter menos controle.

*****

14 MANDAMENTO #9 NÃO ESQUECERÁS OS RECURSOS CRÍTICOS

A adversidade desperta em nossos recursos que, em circunstâncias favoráveis, estariam dormindo.
QUINTO HORACIO FLACO (65 AC-8 AC)
Poeta latino

Neste mandamento, vamos expandir a abordagem tradicional do caminho crítico, a fim de incluir o planejamento de riscos, especialmente riscos que podem atrasar o projeto.

📖 Exercício 9 – Riscos em planejamento

O gerente de projetos **Pedro** PoucaSorte, de uma empresa de energia, passou por seus piores dias no trabalho.

Primeiro, Martin Stuart disse que ele não poderia completar a instalação dos novos gerados no tempo e cumprir o prazo acordado com o cliente. Portanto, uma refinaria de gás natural não teria tempo para operar. O cliente, uma empresa petrolífera, perderá um milhão de dólares por semana por causa desse atraso. Martin não tinha relatado nenhum atraso na programação do projeto anteriormente, uma vez que esse problema técnico aconteceu de forma imprevista.

A segunda má notícia, é que Marcel Led disse a Pedro que o plano de testes está dificultado pela falta de engenheiros disponíveis. Embora os geradores já estivessem prontos, eles não poderiam funcionar porque os testes estavam atrasados. O atraso adicional é estimado em pelo menos duas semanas.

O gerente de projetos PoucaSorte está furioso...

Pedro: Eu não posso acreditar! Quando iniciamos este projeto, pedi para ser informado de todas as necessidades e recursos críticos. Você me assegurou que o plano de testes seria concluído antes do prazo e que esta atividade tinha várias semanas de folga. Por esse motivo, não adicionei este evento à lista de acompanhamento do caminho crítico. Agora, uma atividade que tinha uma folga significativa é parte do caminho crítico.

Qual a principal causa do atraso dessa atividade? 🖐 10 minutos

📖 **Resposta - Exercício 9**

Poderíamos criticar Pedro e sua equipe (Martin e Marcel) pela má gestão das atividades com folga, pela pobre comunicação ou por vários outros problemas de gerenciamento de projetos.

No entanto, se observarmos para a causa-raiz do problema que ele coloca sobre o planejamento.

Geralmente, muitos projetos esquecem de planejar dois riscos típicos do projeto:

1. **Riscos técnicos**: é muito normal que algumas máquinas não funcionem como especificado pelo manual ou conforme o esperado.

2. **Risco de Disponibilidade de Recursos**: os projetos são planejados considerando o ideal, que ninguém ficará doente, nenhuma pessoa terá problemas pessoais, ninguém vai deixar de trabalhar para outra empresa, etc.

14.1 RECURSOS E RISCOS TÉCNICOS

Durante a fase de planejamento de qualquer projeto, é necessário planejar o tempo e os recursos. A figura abaixo, mostra um projeto agrícola muito simples através de um gráfico de Gantt. Inclui a duração e o responsável por cada atividade.

Tarefa	Dur	Recurso	Janeiro		Fevereiro		...
Projeto Agrícola	**60d**						
Terrenos	**30d**						
Comprar	10d	João					
Preparar	20d	Carlos					
Cultivos	**30d**						
Plantar azeitonas	20d	Maria					10d
Plantar tomates	30d	Luis					20d
Plantar batata	10d	Ulisses					20d

As atividades críticas do projeto são mostradas em vermelho e aquelas com folga são mostradas em azul. Há apenas duas atividades com folga neste projeto. Plantar azeitonas, que Maria é responsável e plantar batatas com Ulisses como responsável. Estas atividades possuem um folta de 10 e 20 dias, respectivamente. Estas folgas estão indicam o número máximo de dias em que essas atividades podem ser adiadas sem atrasar o dia de conclusão do projeto.

Este tipo de planejamento é a abordagem tradicional para o *MCC (Método do Caminho Crítico)*.

Agora, se o gerente do projeto executa somente esta análise para planejar seu projeto, pode estar com um problema sério.

O método do caminho crítico deve ser complementado com uma análise de riscos dos recursos críticos para o projeto.

Pode ocorrer que a atividade de plantio de azeitonas, que tem uma folga de 10 dias, ser na verdade uma atividade com maior risco ou mais crítica do que o esperado.

O que poderia acontecer se Maria, uma especialista internacional sem qualquer substituto, receber uma oferta de trabalho muito melhor?

Você entendeu! Maria poderia sair e se um substituto não for encontrado urgente, o que seria provável, o projeto inteiro poderia ser adiado por causa dessa atividade.

Vamos considerar agora a outra atividade com folga de 20 dias: plantar batatas.

O que poderia acontecer se Ulisses, que tem uma grande experiência na agricultura, não estiver familiarizado com a nova tecnologia desta cultura e esta será sua primeira experiência?

Entendeu de novo! Ulisses precisará passar pela curva de aprendizado. Por esta razão, uma atividade que geralmente um especialista conclui em 10 dias, poderia levar meses, até que o funcionário aprenda a utilizar as máquinas. Como consequência, todo o projeto seria adiado.

Como podemos observar, atividades que não tem problemas aparentes através do caminho crítico, como as de Maria e Ulisses, pode ser as atividades críticas a serem consideradas ao planejar o projeto. Para este projeto, Maria representou um risco de disponibilidade de recursos, enquanto o caso de Ulisses foi um risco técnico.

Temos duas razões reais e tangíveis para a grande maioria dos atrasos nos projetos:

- **Falta de recursos** adequados para tarefas críticas do pessoal.
- Falha em reconhecer e planejar os **riscos técnicos**.

Tais riscos devem ser considerados no planejamento do projeto, isso se refere a "não esquecer os recursos críticos"

Recomendações para gerenciar os recursos críticos:

1. Não perder tempo com um plano detalhado do trabalho a ser feito ao longo dos próximos doze meses. Planejar os próximos três meses detalhadamente, o restante em um nível macro.

2. Elaborar um calendário para executar as tarefas de alto risco o mais rápido possível, mesmo que essas tarefas tenham folga. Desta forma, se atrasos afetam qualquer uma dessas atividades, ainda há tempo disponível para resolver qualquer problema.

Lembre-se que o tempo perdido, não voltará!

14.2 RECURSOS CRÍTICOS

Ao planejar um projeto, é necessário dar atenção especial às atividades que envolvem recursos críticos. Ambas as atividades no exemplo do plantio anterior, as atividades de plantar azeitonas e batatas, tinham folga e estavam associadas a recursos críticos.

Tarefa	Dur	Recurso	Janeiro		Fevereiro		...
Projeto Agrícola	**60d**						
Terrenos	**30d**						
Comprar	10d	João					
Preparar	20d	Carlos					
Cultivos	**30d**						
Plantar azeitonas	20d	Maria					10d
Plantar tomates	30d	Luis	Recursos críticos				
Plantar batatas	10d	Ulisses					20d

A atividade de plantar tomates faz parte do caminho crítico, de acordo com o MCC e não possuía dias de folga. Mas talvez seja uma atividade que não requer muita atenção em relação as demais plantações. Esse pode ser o caso quando tal atividade foi realizada repetidamente dentro de uma média de 30 dias, com desvios de tempo nunca excederam 2 dias. Além disso, o pessoal não qualificado executa esta atividade, que pode ser facilmente substituído, se necessário para continuar com a tarefa.

As atividades que envolvem riscos de disponibilidade de recursos humanos ou riscos técnicos devem ser gerenciadas com extrema cautela. Portanto, é necessário realizar um controle periódico sobre o andamento de cada atividade, planejar atividades com reserva de tempo para contingências em caso de atraso. Esta reserva de contingência é um *amortecedor* para aliviar o impacto negativo do fator de risco do projeto.

📖 Exercício 10 – Controle de progresso e riscos

Na realidade, para o exemplo que vimos, Pedro PoucaSorte deveria ter visto antecipadamente o que estava por vir.

Sua equipe começou a trabalhar vários meses antes e desde o início dos status de progresso eram bastantes otimistas.

Depois de um mês de trabalho, considerando um projeto de 4 meses, o status da equipe apontou que somente 25% das atividades haviam sido completadas. Aos dois meses o relatório informava 50%

Neste ritmo, os relatórios de progresso pareciam perfeitos, mas na realidade havia pouco progresso real no trabalho. Ele dá a impressão de que os últimos 10% do projeto levaria 4 meses adicionais. Isso atrasaria o projeto em duas vezes mais que o planejado incialmente. A empresa havia experimentado essa mesma situação anteriormente em outros projetos.

O que está acontecendo?

Pedro concedeu autonomia à sua equipe, para que definissem os melhores métodos para medir e relatar o progresso de seus projetos.

Como seria possível melhorar esse controle e prevenção de riscos em um projeto semelhante?

✋ 5 minutos. Não leia a resposta antes de pensar na sua.

📖 Resposta - Exercício 10

Não podemos conduzir o monitoramento e controle do projeto apenas delegando e confiando na equipe do projeto. Algumas dicas para monitorar e controlar são:

- Definir entregas parciais que permitam verificar o avanço real.
- Auditar o local para comprovar o avanço real, não basta receber o % de avanço da equipe técnica via e-mail. Se não pode ir até o local, utilize a tecnologia: vídeos, fotos, etc.
- Se está monitorando serviços onde o progresso é difícil de avaliar, então é melhor usar a regra 20/80: reportar 20% de progresso quando a atividade foi iniciada e os outros 80% somente quando esta atividade estiver sido concluída. As regras 0/100 ou 50/50 podem ser utilizadas dependendo de seu projeto.

14.3 MONTE CARLO

Alguma vez já aconteceu da estimativa de tempo em seus projetos foi realizada de forma imprecisa pela equipe do projeto?

Ou que é praticamente impossível gerenciar um projeto com riscos de todos os tipos?

Utilizando a simulação de Monte Carlo, podemos adicionar tempo para as reservas de contingência e avaliar os riscos envolvidos nas atividades e recursos críticos de um projeto.

A simulação de Monte Carlo originou de Stan Ulam e John Von Neumann em 1940, quando investigaram o movimento aleatórios de nêutrons. Atualmente, a simulação de Monte Carlo é aplicada em modelos de áreas como TI, finanças, economia, ciências sociais, entre outros.

O nome Monte Carlo vem da famosa cidade de Mônaco, repleta de cassinos e jogos com suas probabilidades e comportamento aleatório transformam um estilo de vida inteiro.

Para aplicar a simulação de Monte Carlo na gestão de projetos, podemos utilizar um software que analisa diferentes cenários possíveis e avalia a probabilidade de cada ocorrência.

Utilizando a simulação, perguntas como as seguintes podem ser respondidas:

Qual da data de término mais provável?

Qual a probabilidade de terminar o projeto na data X?

Qual o caminho mais arriscado para este projeto?

Para verificar as respostas a essas perguntas, consulte o Apêndice A sobre Simulação de Monte Carlo.

LIÇÕES APRENDIDAS

No planejamento dos projetos para a alta gerência não é suficiente trabalhar com o método do caminho crítico (MCC). Esta abordagem tradicional deveria ser ampliada levando em considerações problemas frequentes que enfrentamos nos projetos, tais como:

- Riscos associados com disponibilidade de recursos.
- Riscos associados com utilização de novas tecnologias.

Geralmente, é mais importante considerar quais são os recursos críticos associados às a atividades, do que saber se uma atividade é ou não parte do caminho crítico.

Uma ferramenta para a incorporação dos riscos em relação aos recursos críticos no planejamento das reservas de contingência é a simulação de Monte Carlo.

15 MANDAMENTO #10
SANTIFICARÁS PROJETOS PRIORITÁRIOS

Leia os bons livros primeiros, você não terá chance de ler todos.

HENRY DAVID THOREAU (1817-1862)
Escritor, poeta e pensador americano

Finalmente chegamos ao último mandamento, que se refere principalmente a focar em projetos que agregam maior valor à empresa e evitar trabalho simultâneo em várias tarefas sem qualquer planejamento.

15.1 MULTITAREFAS E EQUIPES DEDICADAS

Recordo quando trabalhei para a Towers Perrin, na Inglaterra, empresa internacional líder em consultoria, com sistemas e processos de trabalho emulavam uma empresa ideal. Cada membro da equipe foi designado apenas para atividades ou projetos de alto valor agregado que pudéssemos desenvolver de acordo com nossas habilidades. Tínhamos um plano claro para todas as tarefas com prioridades diariamente estando protegidos de qualquer distúrbio.

Como resultado, os planos de trabalho foram executados de forma eficiente, com algum tempo de folga para sanar alguns imprevistos ou apenas para desfrutar uma melhor qualidade de vida.

Infelizmente, isso não acontece em todas as organizações. Em muitas de nossas empresas **não estão definidas as prioridades** e deixam os funcionários indefesos. Muitas vezes, a resposta que temos quando estão extremamente ocupados é: "Faça o melhor que puder".

Por essa razão, os funcionários que trabalham em muitas tarefas simultaneamente estão em estado de constante turbulência e baixa moral. Eles não podem agregar valor a qualquer projeto de suas áreas de trabalho porque o telefone está tocando constantemente, alguém está batendo na porta, eles são chamados para outra reunião desnecessárias, o chefe mudou todo o plano novamente porque ele sonhou com uma ideia brilhante, etc. Várias empresas estão pedindo aos seus funcionários para cruzar, cabecear, defender, tudo ao mesmo tempo. E é mais infeliz quando são culpados por falta de objetivo, pois estavam defendendo. ☺

Empresas com estruturas baseadas em projetos alocam empregados a projetos específicos. Uma vez que os funcionários terminam esses projetos são realocados a outro projeto. Infelizmente, não é possível ou eficiente, que todas as empresas trabalhem com estruturas baseadas em projetos.

No entanto, para conseguir uma empresa ágil, é necessário evitar a multitarefa simultânea e planejar as atividades com base nas prioridades. Além disso, você deve planejar uma reserva de tempo para contingências. Isso não significa atribuir funcionários para trabalhar apenas um projeto de cada vez. Significa simplesmente que os funcionários serão designados para tarefas de alto valor a serem concluídas antes de passar para outra tarefa ou projeto.

Isso parece trivial, mas é a essência da **produtividade** da equipe e criação de valor. Então, você verá alta motivação e moral aumentado entre seus funcionários.

Multitarefas	Equipes Dedicadas
Não existe prioridade	Priorização de atividades
Atrasos Crônicos	Reserva de Contingências
Baixa Moral	Criação de Valor e Alta Moral
"Faça o melhor que puder"	Lista de projetos prioritários

Caso Guatemala – Desculpa para justificar multi-projetos

Robert Zacapa, líder de um projeto de expansão de uma indústria de bebidas, justificou sobre por que os trabalhadores devem aprender a lidar com vários projetos simultaneamente. Ele também disse que os trabalhadores têm que aprender a viver com esse mal necessário. Entre as principais justificativas de Roberto estavam:

1. Como líder de projeto, não é meu trabalho gerenciar as agendas da minha equipe.

2. Minha equipe também deve atender chamadas de clientes e visitas ao local.

3. Eu tenho que compartilhar minha equipe com outros gerentes funcionais da empresa.

4. Temos dez vezes mais projetos do que nossa equipe pode lidar.

Após alguns cursos de treinamento em liderança, motivação e gerenciamento de projetos, Zacapa mudou sua atitude e buscou respostas para cada uma dessas justificativas.

Resposta 1. Gerentes de projeto são pagos para resolver problemas e concluir projetos em tempo hábil. É necessário que eu ajude minha equipe com priorização de agendas se quisermos concluir nossos projetos de forma eficiente.

Resposta 2. Devo encontrar tempo ininterrupto para dedicar ao projeto. Para isso, atribuiremos os membros da equipe somente a tarefas relacionadas ao cliente, em uma base rotativa e temporária.

Resposta 3. Negociarei prioridades com outros gerentes funcionais, já que não é possível realizar vários projetos simultaneamente. Afinal, cada membro da minha equipe tem apenas duas pernas, dois braços e uma cabeça.

Resposta 4. Se eu quiser parecer bem com todos os meus clientes, não tenho escolha, mas para priorizar projetos e aprender a negociar mais tempo com antecedência com alguns deles. Eu deveria saber o provérbio que diz: "Não morder mais do que você pode mastigar".

15.2 FILTRAR INTERRUPÇÕES PARA EQUIPE

Uma das razões para a multitarefa, são interrupções permanentes experimentadas por alguns membros da equipe do projeto. Devido a esta situação, eles têm muito pouco tempo para o trabalho de valor agregado. Esses membros da equipe devem atender os telefones, visitar os clientes e ouvir atentamente as ideias da alta gerência durante reuniões não planejadas, entre muitas outras interrupções.

Se você pudesse colocar algum tipo de **filtro** entre essas interrupções e a equipe, o valor acrescentado viria por si só. Este filtro ajudará sua equipe impedindo distrações de seu plano de trabalho. Essas distrações são causadas pelo impacto disruptivo de necessidades imprevistas de clientes e fornecedores, entre outros.

Por exemplo, em nosso negócio de serviços, as chamadas de clientes são respondidas até às 15:00. Isso nos deixa com duas horas todos os dias para focar apenas em projetos. Obviamente, sempre há um membro da equipe designada, nem todos, param de responder a qualquer chamada emergência.

Além disso, as reuniões entre a alta administração e a equipe são agendadas antecipadamente, respeitando a agenda para o dia e o tempo alocado para a reunião.

Outro filtro poderia ser colocado entre a equipe e as exigências de mudança do "chefão", como mencionado no caso abaixo.

Caso Argentina - Filtro entre gerência e equipe

Um funcionário do governo nos pediu um plano de integração para um grande projeto que seria apresentado a uma organização internacional. Mas com uma restrição principal, o projeto deve ser concluído em quatro meses, mesmo que ele exija o apoio do pessoal do governo.

Nossa resposta foi um retumbante "NÃO", porque na prática um projeto como este requer um período de dez meses para conclusão, em um cenário otimista. Nem estamos dizendo o que acontece no cenário pessimista!

O oficial se ofereceu para designar todo o pessoal que precisávamos especificamente para este projeto. Finalmente, concordamos em fazer o projeto, mas em duas condições:

1º - A equipe do setor público deve trabalhar em nossos escritórios privados.

2º - Se algum oficial precisar voltar para o cargo, ele deve primeiro falar com o líder do projeto para justificar a razão.

O oficial concordou com ambas as condições e deu ordens expressas a todos no governo de respeitá-las.

Uma vez que a equipe estava em nosso escritório, eles começaram com a execução do projeto. Mas nem um único dia se passou quando o telefone começou a tocar com pedidos urgentes para os membros da equipe. De acordo com as secretárias que chamaram, os pedidos eram todos extremamente importantes, a chamada "vida ou morte".

O Sr. Filtro começou sua função principal abordando essas chamadas de "vida ou morte" e não deixando os membros da equipe fossem incomodados. Felizmente, ao longo da vida do projeto cerca de 80% dessas chamadas foram resolvidas sem problema ou necessidade de perturbar a equipe. Apenas 20% das chamadas foram encaminhadas aos membros da equipe. Alguns exemplos destes apelos aparentemente urgentes e muito importantes foram:

 - Explicar ao pessoal do governo que os membros da equipe estavam trabalhando em um projeto muito importante e não poderia executar outras atividades até a conclusão. Aparentemente, nem todos tinham ouvido ou entendido as ordens expressas do funcionário.

- Explicar como usar algumas funções simples em planilhas do Excel ou documentos do Word.

- Explicar o significado de termos como: juros compostos, avaliação socioeconômica, taxa de desconto, TIR, Termo de Abertura e EAP, entre outros.

Como pode ser visto, nenhum desses requisitos eram de "vida ou morte" e ninguém morreu até que os membros da equipe voltaram ao seu emprego no setor público.

Graças ao filtro e à alta motivação dos membros da equipe, que foram capazes de se concentrar em suas atividades sem muita interrupção, o projeto foi concluído em tempo recorde. O projeto foi entregue após dois meses e meio. Recebeu o apoio solicitado à organização internacional e também foi elogiado pela alta qualidade da apresentação e formulação.

Conclusão: A colocação de filtros para proteger nossas equipes de projeto, aumenta a produtividade exponencialmente, cumprindo ou antecipando prazos que parecem impossíveis.

LIÇÕES APRENDIDAS

Trabalhar em várias tarefas simultaneamente sem qualquer plano, não corresponde a um negócio ágil. Em vez disso, planejar projetos com equipes dedicadas em uma base de prioridade permite agregar valor à empresa.

Para cumprir o mandamento nº 10, "solicitarás projetos prioritários", devemos criar uma lista de projetos ou tarefas prioritárias com base no potencial da empresa e concentrar recursos nas atividades com maior valor agregado.

*****

16 CONSTRUINDO UM PROCESSO DE SUCESSO

Não há segredos para o sucesso. É resultado de preparação, trabalho duro, e aprender com as falhas.

COLIN POWELL (1937-?)
Militar e político americano

Na primeira parte deste livro discutimos problemas típicos comuns às nossas organizações. Em seguida, abordamos as filosofias de pensamento ágil. Finalmente, desenvolvemos Dez Mandamentos baseados nessas filosofias, para mitigar os problemas de tempo e custos de transação. Agora, vamos dizer adeus, integrando alguns desses conceitos.

16.1 PLANILHA DE VALOR

Os membros da equipe em um projeto podem preencher uma tabela semelhante à apresentada abaixo para identificar e priorizar atividades que adicionam grandes quantidades de perdas ou mudanças desnecessárias.

Iniciativa de Melhoria	Pontuação (1-3)
Tempo perdido em reuniões	
Resultados importantes entregue com atraso	
Site do projeto desatualizado	
Tempo perdido com erros evitáveis	
Tempo perdido em tarefas irrelevantes	
Comunicação Pobre	
Outras	

Os membros da equipe devem identificar nesta tabela quais atividades ou processos adicionam atividades desnecessárias ao projeto.

Além disso, eles devem atribuir uma pontuação qualitativa para cada um dos problemas identificados, levando em consideração o quão difícil seria para removê-lo. Por exemplo, a pontuação pode ser baseada numa escala de 1 a 3 com a seguinte classificação:

1. Difícil de remover.

2. Razoavelmente fácil de remover.

3. Fácil de remover.

Recomenda-se fazer esta análise quinzenalmente. Não deve demorar mais de dez minutos para preencher a tabela. Esta ferramenta de gestão fornece as informações necessárias para que o gerente de projeto seja capaz de aplicar ações corretivas para reduzir as perdas, começando com as atividades com as maiores pontuações, portanto, **mais fácil de remover**.

Você também pode pedir aos membros da equipe para identificar os obstáculos do fluxo de valor causado pela intervenção da alta administração. A tabela abaixo mostra um exemplo desta ferramenta de gerenciamento.

Iniciativa de Melhoria	Pontuação (1-3)
Demora nas aprovações/ decisões	
Pobre resposta para sinais	
Tempo elevado no status do projeto	
Falta de disponibilidade de recursos	
Mudanças repentinas	
Micro gestão perturbadora	
Comunicação Pobre	

Nesse caso, a frequência para preencher este formulário pode ser mensal e anônima, a fim de evitar conflitos desnecessários entre o pessoal e a gerência. O principal objetivo desta ferramenta é que a alta gerência faça uma auto-avaliação. A gerência será capaz de ver quais de suas atividades impedem o fluxo de valor do projeto para eliminá-los, começando com as atividades mais fáceis de mudar (a maior pontuação).

Com base nestes dois formulários, uma matriz geral pode ser construída para implementar ações corretivas. Chamamos esta nova forma de *planilha de valores*. Cada uma das ações deve ter prioridade. Não tente resolver todos os problemas ao mesmo tempo, mesmo sendo importante para que os membros da equipe possam ver as mudanças ágeis na gestão do projeto. Portanto, é fundamental começar a resolver a ação mais fácil de mudar.

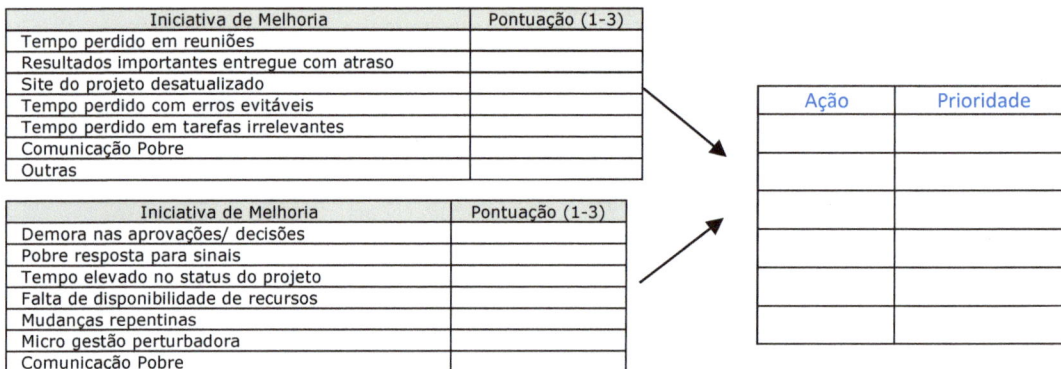

Iniciativa de Melhoria	Pontuação (1-3)
Tempo perdido em reuniões	
Resultados importantes entregue com atraso	
Site do projeto desatualizado	
Tempo perdido com erros evitáveis	
Tempo perdido em tarefas irrelevantes	
Comunicação Pobre	
Outras	

Iniciativa de Melhoria	Pontuação (1-3)
Demora nas aprovações/ decisões	
Pobre resposta para sinais	
Tempo elevado no status do projeto	
Falta de disponibilidade de recursos	
Mudanças repentinas	
Micro gestão perturbadora	
Comunicação Pobre	

Ação	Prioridade

16.2 A PIRÂMIDE DOS MANDAMENTOS

A figura a seguir resume os 10 mandamentos que um líder ágil deve sempre ter em mente.

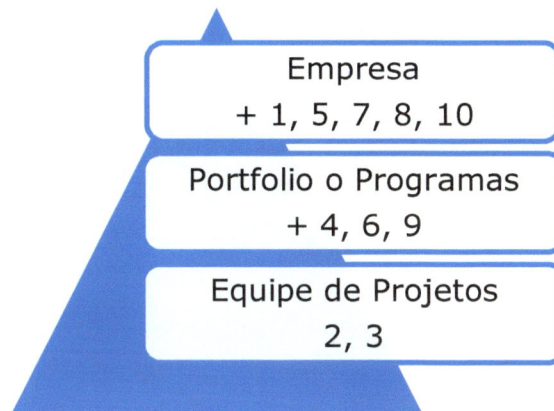

Empresa
+ 1, 5, 7, 8, 10

Portfolio o Programas
+ 4, 6, 9

Equipe de Projetos
2, 3

Se você deseja implementar ações eficientes na equipe do projeto, então concentre-se nos mandamentos 2 e 3. Se você estiver gerenciando um portfólio ou programa, então preste mais atenção nos mandamentos 4, 6 e 9, além dos listados para a equipe. Finalmente, se você está procurando uma empresa ágil, então você não terá escolha a não ser prestar muita atenção no Dez Mandamentos!

Os 10 mandamentos

I. Não agregarás... **desperdícios** ao projeto
II. Honrarás... os entregáveis do **cliente**
III. Não perderás... tempo em **reuniões**
IV. Não esquecerás... da análise de **risco**
V. Levantarás... as etapas **tradicionais**
VI. Desejarás... os métodos **visuais**
VII. Não matarás... os **processos** tradicionais
VIII. Não criarás ... longas **esperas**
IX. Não esquecerás... dos **recursos** críticos
X. Santificarás... projetos **prioritários**

By Paul Leido

Na oportunidade, perguntamos: " Qual mandamento é o mais importante? E, por qual mandamento deveríamos começar? ". Há uma resposta muito simples que engloba todos os mandamentos: **"Amarás seu cliente sobre todas as coisas".**

Com este último mandamento, temos a base para se alcançar projetos de sucesso.

16.3 GESTÃO TRADICIONAL vs. ÁGIL

Na **gestão tradicional** de projetos podemos encontrar as seguintes características:

- As propostas estão com uma grande quantidade de desperdício.
- Existem atrasos desnecessários devido a pacotes no fluxo de valor
- Reuniões de coordenação e colaboração demoram mais tempo que o necessário.
- Em alguns casos extremos há reuniões eternas.
- As empresas elogiam e premiam a gestão de heróis e super gênios, donos da informação.
- As estimativas de tempo, custos e qualidade se baseiam na MDO (método dos dígitos oscilantes) ou BOE (bons olhos da equipe)
- A gestão e planejamento de riscos não são levadas em consideração.
- Na maioria dos casos, somente é realizado o planejamento do caminho crítico.
- Processos burocráticos com sistema FIFO (First in, First Out)
- É normal trabalhar em um ambiente de multitarefas simultâneas.
- Alto desgaste para se alcançar os objetivos.

Porém, em uma **gestão ágil de projetos**, algumas características podem ser:

- As propostas são focadas nas necessidades dos clientes sem adicionar funcionalidades adicionais.
- O fluxo de valor é identificado em um ambiente ágil e criado para que não haja interrupções.
- As equipes são comprometidas com o projeto e represar informação não é bem visto pela empresa.
- O trabalho é baseado em processos.
- O planejamento e monitoramento dos riscos são consideradas fortemente nos projetos.
- A visão do caminho crítico é ampliada para incluir os recursos críticos associados a cada atividade.
- Utilização do planejamento de reservas, com um sistema de turnos para evitar filas e esperas.
- As atividades dos programas e projetos são planejadas e priorizadas, evitando multitarefas simultâneas.
- Alcance dos resultados com maior qualidade de vida em relação a gestão tradicional.

Na figura abaixo, temos um resumo das diferenças entre a gestão tradicional e a gestão ágil de projetos.

Gestão **Tradicional**	Gestão **Ágil**
Lotes e custos de transação	Fluxo de valor
Reuniões eternas	Reuniões eficientes
Proprietários de Informações/ bombeiros	Equipes comprometidas
MDO / BOE	Processos
Alto risco	Gestão de riscos
Caminho crítico	Recursos críticos
Burocracia e esperas	Turnos e reservas
Multitarefas	Priorização de tarefas
Alto **desgaste**	**Qualidade de vida**

Caso Desgaste vs. Vida

Mesmo que alguns projetos possam trabalhar com processos um tanto não organizados e com pouco pensamento ágil, muitos empreendedores podem ser elogiados para sua adaptação às mudanças constantes dentro de seu contexto do trabalho. Graças a essa flexibilidade e impulso empreendedor, os projetos são bem-sucedidos, independentemente de não ter processos eficientes implementados.

No entanto, este sistema permanente de improvisação e desordem, força os membros da equipe do projeto para alcançar excelentes resultados à custa de esforço extra desnecessário.

Quantos fins de semana tivemos que ficar para trabalhar no projeto? Quantas vezes deixamos o escritório mais tarde do que o normal? Quanto vale a pena chegar em casa tarde e descobrir que as crianças já estão dormindo?

Vários projetos com os quais estamos envolvidos são cercados por pequenos processos ágeis. Por esta razão, é usual para os membros da equipe, neste ambiente, trabalhar em média de cinquenta horas no mínimo por semana, a fim de alcançar bons resultados.

Aqueles de nós, que tiveram a oportunidade de trabalhar em projetos similares em uma cultura mais eficiente, também obtiveram excelentes resultados. Mas com uma grande diferença: uma qualidade de vida foi muito melhor em relação ao resultado de trabalhar em um ambiente planejado e eficiente!

Por exemplo, quando eu morei na Inglaterra, era costume trabalhar no máximo trinta e duas horas por semana. Você pode perguntar, como você chegou a essa conta? Trabalhamos oito horas por dia durante quatro dias por semana. Nossa empresa concedeu um dia de folga por semana para que possamos ficar em casa e estudar para a certificação atual. A política da empresa também proibiu os funcionários de trabalhar mais de oito horas por dia. Mesmo trabalhando menos horas por semana, foi surpreendente o nível de produtividade alcançado. A satisfação de ter completado um dia útil anterior e com altos níveis de produtividade foi muito motivadora.

Portanto, o resto do dia poderia ser dedicado à família, amigos e esportes sem consciência culpada.

Por que não tentar criar um ambiente mais ágil em seus projetos?

Asseguramos que a gestão ágil é muito mais fácil do que a tradicional e a recompensa de uma qualidade de vida melhor, vale a pena a tentativa.

Lei Anti-Murphy

Tudo o que você quer que aconteça em seu projeto pode realmente acontecer. Trabalhe com dedicação, agilidade e eficiência para que a sorte esteja ao seu lado.

Finalmente, não é necessário implementar todos os mandamentos. Seria suficiente se algumas dessas ideias possam servir para detectar onde em seu projeto tem desperdício que pode ser facilmente eliminado.

Se você puder eliminar apenas 10% em seu projeto, isso resultará em: a adição de aproximadamente dez minutos de tempo de valor agregado trabalhado diariamente, sua empresa poderia realizar 10% mais dos projetos, um projeto 10% mais rápido, ou 10% mais barato. Em outras palavras, você poderia rapidamente obter um retorno de 10% sobre os mesmos recursos e com menos esforço. Então o que você está esperando: **Vamos trabalhar!**

LIÇÕES APRENDIDAS

A equipe do projeto deve identificar as atividades que geram mudança, ambas causadas pelo próprio projeto ou pela gerência.

Então, as prioridades devem ser estabelecidas a fim de eliminar mudança, começando com aquelas atividades que são mais fáceis de mudar.

É necessário aplicar os 10 mandamentos ágeis para alcançar uma empresa ágil. Vale a pena experimentar e aproveitar os benefícios de uma melhor qualidade de vida!

Vídeo – Porque somente gerentes de projetos? (Espanhol)

ANEXOS

Anexo A - @RISK

O homem ainda é o computador mais extraordinário.
JOHN FITZGERALD KENNEDY (1917-1963)
Político americano

Para aplicar a simulação de Monte Carlo na gestão de projetos podemos utilizar o software @Risk desenvolvido pela empresa Palisade. Este software se baseia na simulação de Monte Carlo para analisar os diversos cenários que possam ocorrer e sua probabilidade.

📖 Exercício 11 – Risco de cronograma

Pedro PoucaSorte aprendeu sua lição e decidiu mudar a maneira como gerencia seus projetos futuros com características semelhantes. A data de início de um projeto é **1 de julho de 2020** (1/7/20).

A.1. RESERVA DE CONTINGÊNCIA

Depois de reconhecer que algumas atividades do projeto podem estar em risco de disponibilidade de recursos e / ou risco tecnológico, os especialistas se reúnem para estimar 3 datas para cada atividade do projeto "Instalar um gerador".

Nome da Tarefa	Duração Otimista	Duração	Duração Pessimista	jan	fev	mar	abr	mai	jun
Projeto	**130 d.**	**170 d.**	**285 d.**						
Planejar	20 d.	30 d.	50 d.	▓					
Instalar	80 d.	100 d.	160 d.		▓	▓	▓		
Testes	30 d.	40 d.	75 d.					▓	▓

Com esta informação você pode definir a reserva de contingência.

Qual é a data estimada de término do projeto?

Com essas informações, em vez de planejar seu projeto com a duração mais provável de 170 dias, você pode adicionar uma reserva de contingência em caso de atraso de programação usando o software @Risk.

Estas são as 10 etapas básicas para adicionar uma reserva de contingência ao projeto:

1º Abrir seu projeto no MS Project.

Project	170 d	01/01/20	25/08/20
PLAN	30 d	01/01/20	11/02/20
INSTALL	100 d	12/02/20	30/06/20 1
TEST	40 d	01/07/20	25/08/20 2

Nota: adicione a tarefa de resumo do projeto a partir de Formatar e clique em "Mostrar tarefa de resumo do projeto".

2º Executar o software *@Risk* A barra de ferramentas é mostrada como um Add-Ins para Excel.

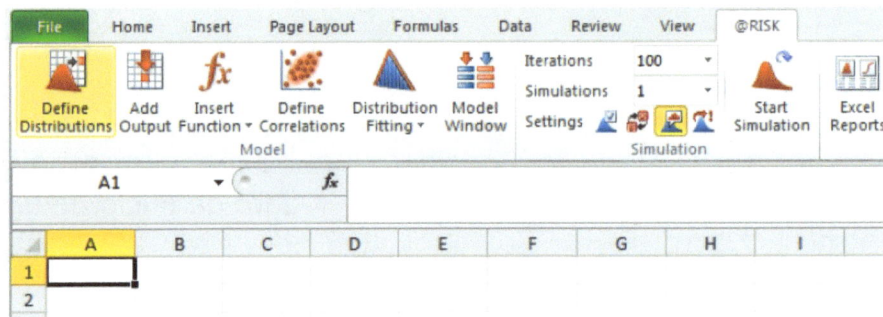

3º Não feche o Projeto. No Excel, clique em "Project / Project Link / Read Active Project". Agora seu projeto estará na planilha de Excel para realizar a simulação de Monte Carlo.

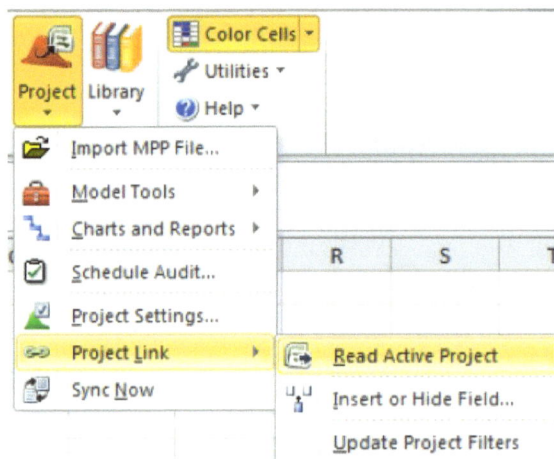

4º Clique sobre a célula que será atribuída uma distribuição de probabilidade; ou seja, durante a estimativa de duração dos 30 dias para a atividade do Planejamento. Clique no ícone Definir Distribuições e selecione a distribuição de probabilidade Pert (esta é uma das melhores distribuições quando tivermos 3 estimativas de duração).

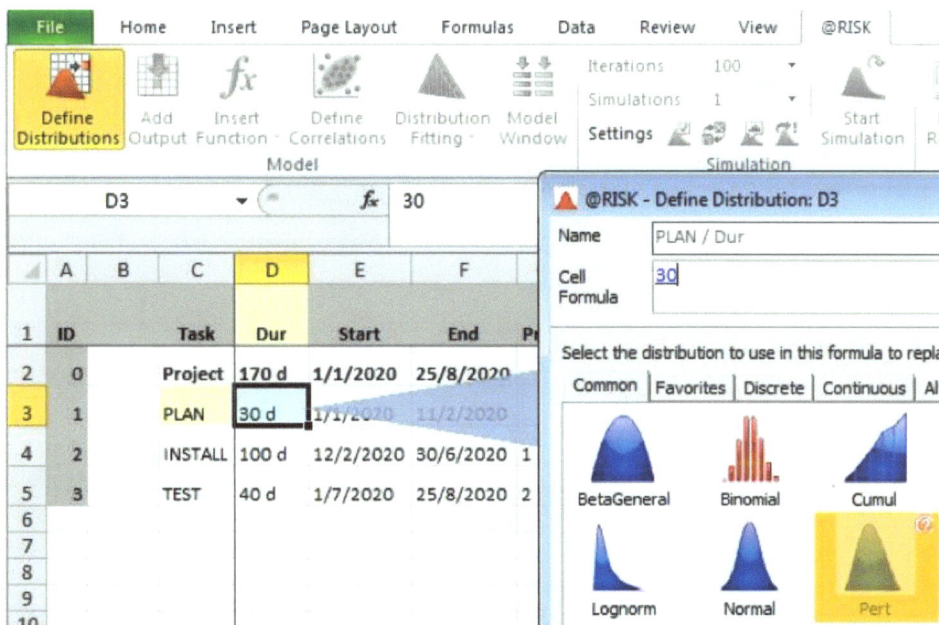

5º Preencha os campos Pert com as durações estimadas: min. 20 dias (otimista), provavelmente 30 dias e max. 50 dias (pessimista). Neste caso particular, o gráfico mostra que há uma probabilidade de 90% que esta atividade estará dentro de 23,28 e de 41,40 dias. Clique em Aceitar

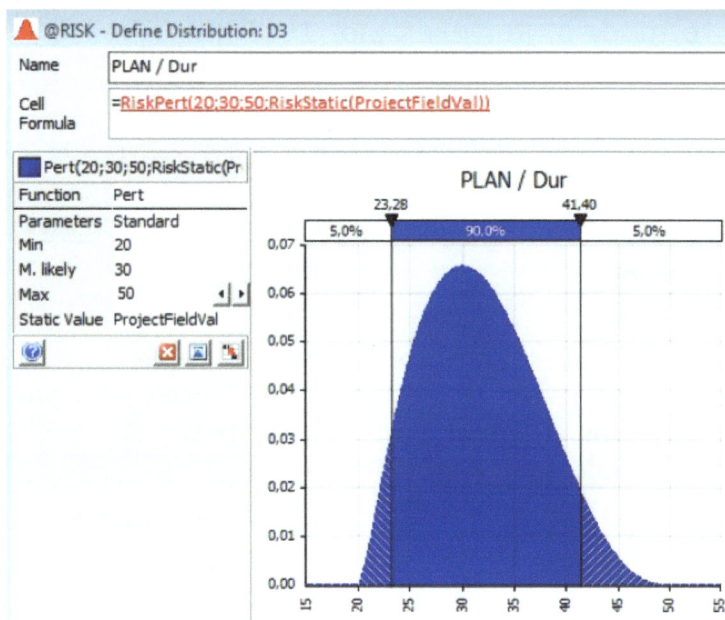

6º Repita os passos 4 e 5 para todas as outras atividades.

- Instalação: otimista 80 dias, mais provável 100 dias, pessimista 160 dias.
- Teste: otimista 30 dias, mais provável 40 dias, pessimista 75 dias.

7º Clique sobre a célula a qual a reserva de contingência será estimada, para este exemplo, a duração estimada será de 170 dias. Clique em Adicionar Saídas / OK.

8º Complete o campo Iterações com o número de simulações que queira executar o modelo. Por exemplo, 1000 iterações darão uma excelente informação estatística.

9º Clique em *Iniciar Simulação*. O software simulará randomicamente a duração de cada uma das atividades, dentro dos limites da distribuição da probabilidade selecionada e calculará a duração do projeto. Esse processo se repetirá por 1000 vezes.

10º Finalizada as 1000 iterações, se ontem a estatística da duração do projeto. Neste caso, o projeto terá a duração de 182,5 dias (ver média no painel do lado direito). Este valor é obtido após as 1000 iterações de simulação de duração para cada atividade.

Portanto, em vez de planejar este projeto com uma estimativa de duração de 170 dias, como ele aparece no plano inicial, ele deve ser planejado para 182,5 dias e ter uma reserva de contingência de 13 dias adicionais (183-170). Mas mesmo esta reserva poderia ser baixa, pois a probabilidade deste projeto terminar com 182.5 dias ou menos, é somente de 50%. Se a equipe necessita de uma maior certeza de não obter qualquer atraso, então a reserva de contingência deve ser superior. Por exemplo, as estatísticas obtidas também mostram que 95% das simulações apresentaram 212,2 dias ou menos (ver 212.2 na parte superior direita do gráfico).

Se você estiver seguindo este exercício em seu próprio computador e ver valores diferentes para as 1000 iterações, lembre-se que pode haver uma diferença razoável de +/- 1 dia porque suas 1000 iterações são diferentes.

Se o gerente de projeto trabalhar com uma estimativa de 212 dias, 42 dias adicionais em relação ao plano original, então o projeto terá uma probabilidade de 95% de terminar no cronograma.

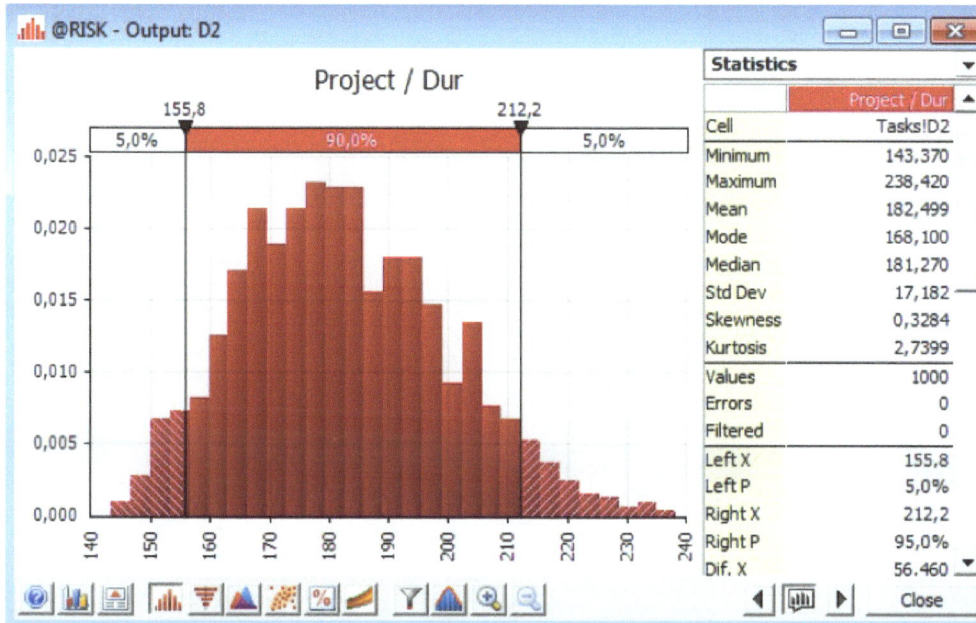

Se houver interesse em estimar a reserva com uma probabilidade diferente de 50% ou 95%, anteriormente explicada, mova a barra vertical à direita do gráfico para encontrar a probabilidade desejada. É importante observar que há um 5% como origem para a barra vertical à esquerda do gráfico.

O gráfico abaixo mostra um exemplo para uma reserva de contingência que cobre 80% dos cenários. Em outras palavras, esta reserva expõe 20% do risco. O gráfico mostra que há uma probabilidade de 80% de concluir este projeto em 197 dias ou menos.

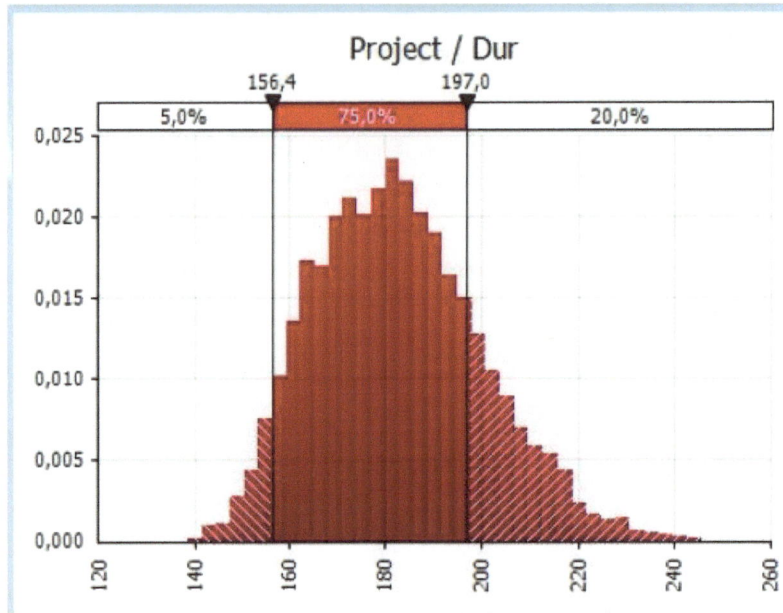

O que teria acontecido se deixássemos o planejamento inicial de 170 dias?

A probabilidade de realizar o projeto em 170 dias seria de apenas 24%.

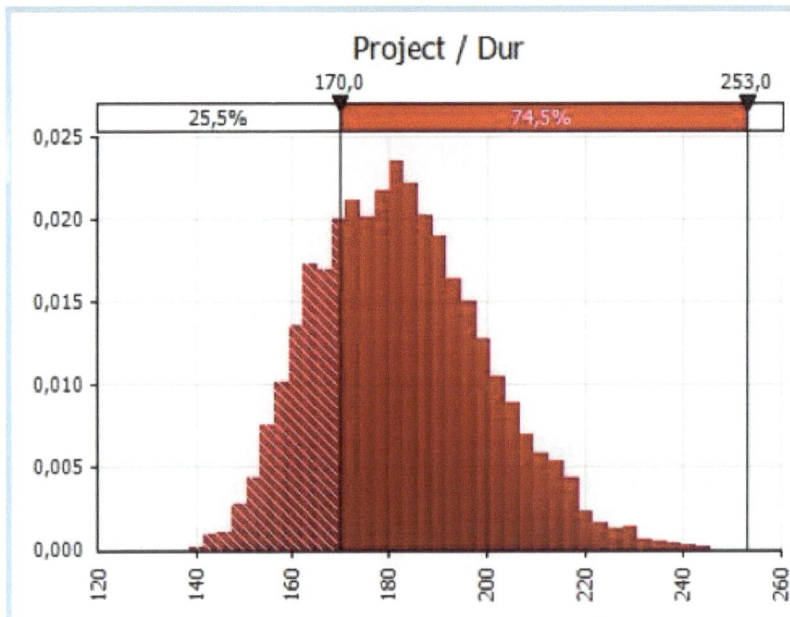

Bingo! Você já pode estimar as reservas de contingências e será capaz de replicar a seus técnicos da empresa usando essas ferramentas para planejar melhor o tempo de seus projetos.

Vídeo – Monte Carlo

A.2. PARALELISMO

Nesta ocasião, o nosso renomado Pedro PoucaSorte deve planejar o mesmo projeto analisado anteriormente, porém com uma alteração: terá três geradores ao invés de um. Veja a figura abaixo:

Nome da Tarefa	Duração Otimista	Duração	Duração Pessimista		jan	fev	mar	abr	mai	jun	
Projeto x 3	**130 d.**	**170 d.**	**285 d.**								
Gerador 1	**130 d.**	**170 d.**	**285 d.**								
Planejar 1	20 d.	30 d.	50 d.		■						
Instalar 1	80 d.	100 d.	160 d.			■	■	■			
Testes 1	30 d.	40 d.	75 d.						■		
Gerador 2	**130 d.**	**170 d.**	**285 d.**								
Planejar 2	20 d.	30 d.	50 d.		■						
Instalar 2	80 d.	100 d.	160 d.			■	■	■			
Testes 2	30 d.	40 d.	75 d.						■		
Gerador 3	**130 d.**	**170 d.**	**285 d.**								
Planejar 3	20 d.	30 d.	50 d.		■						
Instalar 3	80 d.	100 d.	160 d.			■	■	■			
Testes 3	30 d.	40 d.	75 d.						■		

Como se pode observar, este projeto possui 3 geradores que também devem finalizar dentro de 170 dias, semelhante ao projeto com 1 gerador.

Tem algum sentido esse planejamento?

Como podemos ter um projeto com 3 atividades demore o mesmo tempo que um projeto de 3 geradores com nove atividades?

Eu sei! Aqueles que são mais apressados em responder e dizem que normalmente a duração do projeto permanecer a mesma, porque existem três caminhos paralelos. No entanto, esta resposta não tem lógica estatística. Não é possível para um projeto com poucas atividades durar o mesmo que um com três mais de atividades. A probabilidade de algo dar errado em um projeto aumenta com o número de atividades.

Portanto, como o número de atividades em um projeto aumentou, o mesmo acontece com a probabilidade de um atraso.

Mais uma vez, a abordagem tradicional para o caminho crítico não resolve o problema. Devemos usar a simulação de Monte Carlo, a fim de sermos mais preciso sobre o processo de planejamento de projeto e resolver esse problema.

Qual a mais provável duração deste projeto?

Quantos dias de duração teria o projeto considerando uma probabilidade de 95%?

As estatísticas mostradas na figura abaixo são obtidas ao repetir todos os passos de simulação de Monte Carlo explicados na seção anterior.

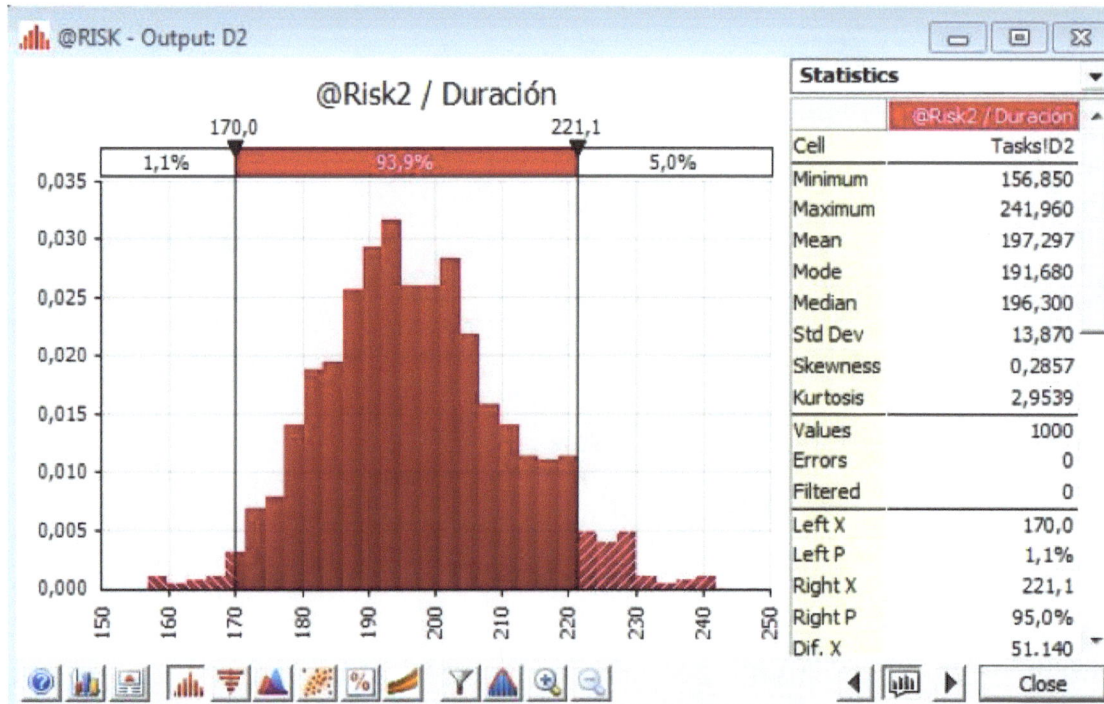

A duração mais provável para este projeto é de 197 dias. Enquanto isso, há uma probabilidade de 95% de que o projeto dure 221 dias ou menos para ser concluído. Portanto, adicionar uma reserva de contingência de 51 dias (221-170) permitiria apenas 5% de chance de atraso no projeto.

Você pode observar que as datas estimadas para o projeto não são apenas maiores do que a abordagem tradicional do caminho crítico (170 dias), mas também, essas estimativas são maiores do que as estimativas para o projeto com um gerador (a duração mais provável foi de 183 dias e 212 dias cobrem 95% dos cenários).

Finalmente, a probabilidade de completar o projeto em 170 dias ou menos, conforme indicado no plano original é de apenas 1%, e isso é impossível.

Aqui está uma ótima lição, ao usar técnicas tradicionais que não levam em consideração recursos críticos, riscos e reservas de contingência em seus cronogramas, estamos assinando o certificado de óbito do projeto que certamente não será bem-sucedido e nem sequer começou.

A.3. RISCOS DO PARALELISMO

Finalmente, Pedro e sua equipe com um maior nível de detalhes do projeto de 3 geradores, planejou as seguintes duração:

Nome da Tarefa	Duração Otimista	Duração	Duração Pessimista		jan	fev	mar	abr	mai	jun	
Projeto x 3		**173 d.**									
Gerador 1	**136 d.**	**169 d.**	**269 d.**								
Planejar 1	19 d.	29 d.	49 d.		▮						
Instalar 1	85 d.	100 d.	150 d.			▮	▮	▮			
Testes 1	32 d.	40 d.	70 d.						▮		
Gerador 2	**153 d.**	**173 d.**	**223 d.**								
Planejar 2	28 d.	33 d.	43 d.		▮						
Instalar 2	90 d.	100 d.	125 d.			▮	▮	▮			
Testes 2	35 d.	40 d.	55 d.							▮	
Gerador 3	**127 d.**	**167 d.**	**282 d.**								
Planejar 3	17 d.	27 d.	47 d.		▮						
Instalar 3	80 d.	100 d.	160 d.			▮	▮	▮			
Testes 3	30 d.	40 d.	75 d.						▮		

Segundo o Método do Caminho Crítico, as atividades do segundo gerador estão no caminho crítico. Assim, as atividades do primeiro e terceiro gerador possuem uma folga.

Isso significa que devemos preocupar somente com as atividades do caminho crítico?

Como vimos anteriormente, não é necessariamente assim. O gerente do projeto e sua equipe analisam detalhadamente as atividades e detectam que as atividades com folga possuem riscos técnicos e indisponibilidade de recursos.

Qual dos três caminhos é o mais arriscado?

Utilizaremos *@Risk* para simular mil vezes o projeto e avaliar qual dos 3 caminhos é realmente o caminho mais crítico.

O passo a passo é:

 1º Repetir os passos realizados anteriormente, incluindo as novas durações (otimista, mais provável, pessimista) de cada uma das atividades do projeto.

2º Clique na aba *Projeto / Configurações do projeto* e clique em *Calcular índices críticos*.

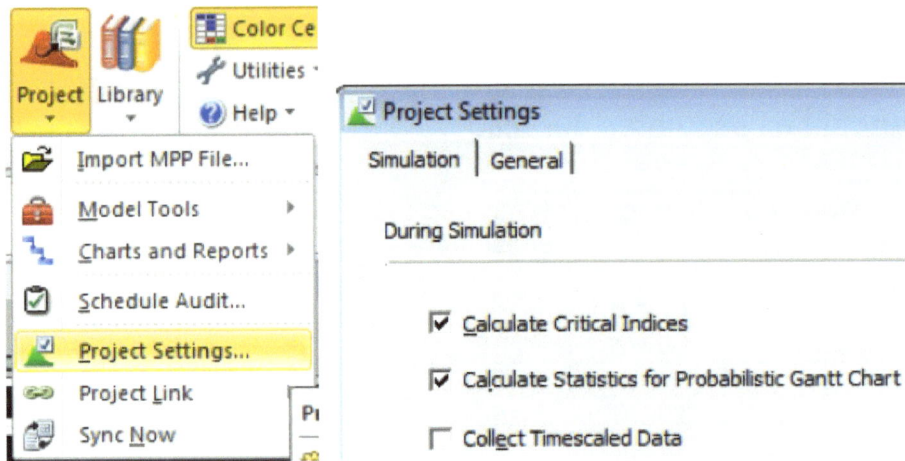

3º Clique em *Iniciar simulação*.

4º Uma vez finalizada as 1000 iterações, basta clicar em Projeto/ Gráficos e Relatórios / Gantt probabilidade / Aceitar.

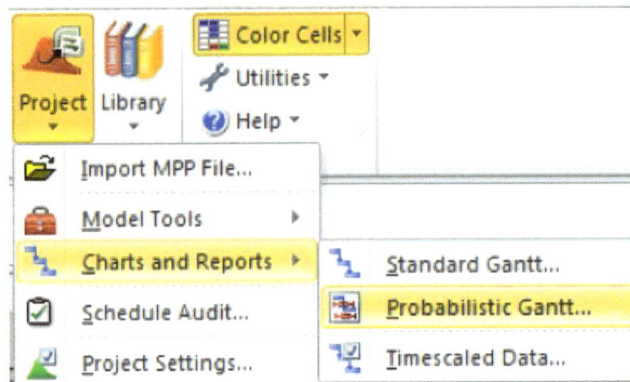

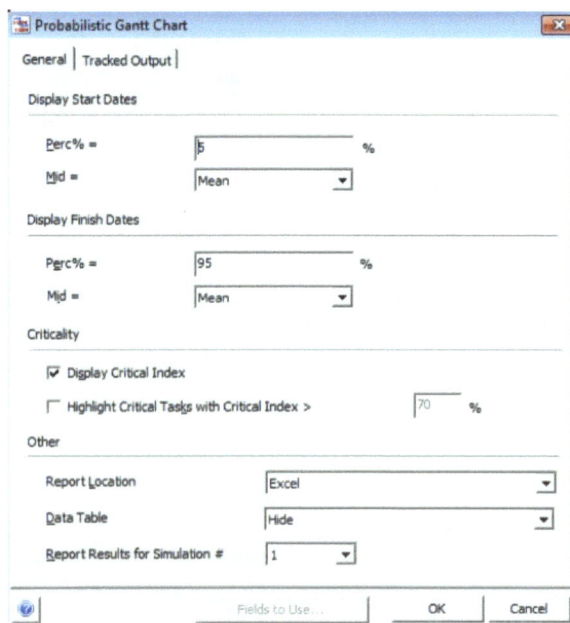

5º Pesquise os resultados na coluna Índice Crítico. Os resultados deste exemplo mostram que após 1000 iterações, as atividades do primeiro gerador foram 36,3% das iterações no caminho crítico. As atividades do segundo gerador fizeram parte do caminho crítico em torno de 26,1% e as atividades do terceiro gerador foram críticas, em 37,6% do tempo. Portanto, pode-se concluir que as atividades para o primeiro e o terceiro geradores são mais arriscadas do que as atividades do segundo gerador.

Mais uma vez, esta análise demonstra que o Método do Caminho Crítico tradicional é necessário, mas não o suficiente, para gerenciar projetos de forma eficiente.

Depois de executar o software @Risk, as atividades no Project não puderam ser vinculadas corretamente. Por exemplo:

1	A	5 días
2	B	10 días
3	C	15 días

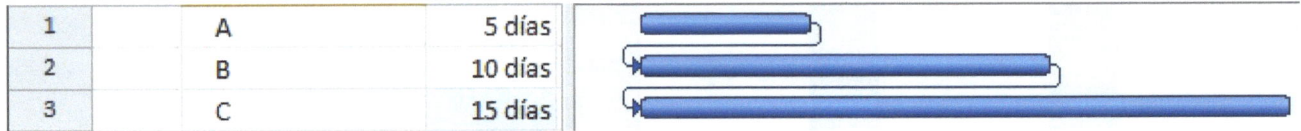

Para resolver esse bug sem fechar o Microsoft Project, devemos seguir estas etapas: Arquivo / Opções / Agendar / Cálculo / Calcular projeto após cada edição: **Ativado**.

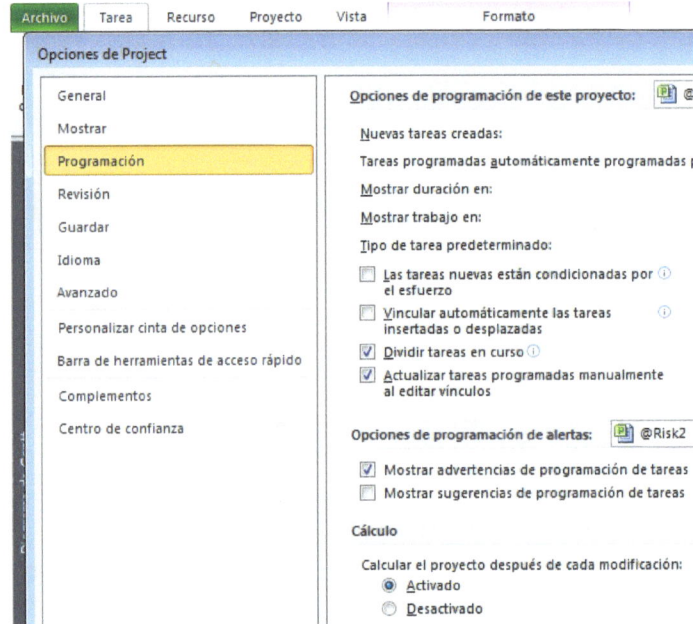

Agora, o vínculo entre as atividades ficaria correto queda corretamente:

1	A	5 días
2	B	10 días
3	C	15 días

Parabéns, você finalizou a parte técnica do livro.

Anexo B - SCRUM

B

O ataque vence partidas, mas defesa e um bom scrum vence campeonatos
PABLO LANGYEDOT (1971 - ?)
Jogador de Rugby

Autora: Cecilia Boggi, PMP
Graduada em Sistemas
Presidente da ActivePMO

Quando falamos em **SCRUM** podemos pensar em um sinônimo de "Software Cycle Review Unified Methodology" ou "Software Creation Require Users Method". [8] Mas na realidade, tem pouca relação com esses nomes, porque Scrum vem do **rugby,** sendo o nome de uma posição circular formada pelos integrantes das equipes fazendo força para ganhar a bola.

---

[8] GABAY, Alejandro. (2011) Metodologías Agiles de Dirección de Proyectos, ORT, Buenos Aires.

163

O Scrum é uma forma de reiniciar o jogo no rugby após uma falta acidental. No scrum, a bola de rugby é jogada entre as duas equipes rivais e ninguém sabe quem vai ter a bola ou para qual direção o ataque sairá. A equipe terá que se adaptar rapidamente a um jogo ofensivo ou defensivo dependendo de quem conseguir a posse de bola.

A metodologia conhecida como Scrum não nasceu na indústria de software como muitos acreditam. Tem sua origem em um artigo escrito em 1986 por Takeuchi e Nonata. Este artigo descreveu uma abordagem utilizada em processos de fabricação que aceleraram o desenvolvimento de novos produtos. Esta abordagem também foi testada na indústria automotiva e na fabricação de câmeras, computadores e impressoras. Em seu artigo, Takeuchi e Nonaka compararam o processo de fabricação proposto, que é realizado por uma equipe multifuncional com fases de sobreposição entre eles, com o jogo de rugby.

Na década de 90, Ken Schwaber e Jeff Sutherland, individualmente, implementaram esses conceitos no desenvolvimento de software. Eles também apresentaram vários artigos sobre este software no OOPSLA9 1995 que foi realizada em Austin. Mais tarde, eles trabalharam juntos para consolidar os conceitos que desenvolveram em seus artigos e suas experiências, sob o nome de Scrum.

Em 2001, Schwaber e Sutherland estavam entre os que assinaram o Manifesto Ágil em Utah.

Em 2002, Ken Schwaber já havia escrito vários livros sobre Scrum. Ele fez parceria com Mike Cohn e fundou a **Scrum Alliance**, que inicialmente fazia parte da **Agile Alliance.**

Até agora, um número grande de empresas de renome adotou Scrum para seus processos de desenvolvimento de software. Podemos citar, entre muitos outros: IBM, Apple, Microsoft, Yahoo, Electronic Arts, Google, Siemens, Nokia, John Deere, BBC, Time Warner, etc.

B.1 FUNDAMENTOS DO SCRUM

Scrum é um framework ágil e estruturado que permite que equipes de desenvolvimento de software trabalhem com seus clientes para desenvolver produtos inovadores e complexos em um ambiente de confiança, com poucas regras e simples. Este quadro propõe uma redução das metodologias tradicionais que floresceram nos anos 90 e poderiam ser consideradas "demasiadamente pesadas".

Os **conceitos** em que se baseiam o Scrum são os seguintes:

- Em projetos experimentais, os métodos de previsão são menos eficazes do que as abordagens iterativas ou incrementais que fornecem ao cliente resultados iniciais, o que lhe permite fazer correções.

- Equipes com profissionais experientes prosperam e produzem melhores resultados se trabalham em equipes autogeridas, onde todos assumem a responsabilidade pelo seu trabalho e se comprometem com a qualidade seguindo seus próprios processos.

- Projetos que têm colaboração constante com o cliente e o patrocinador têm maior probabilidade de êxito do que aqueles projetos nos quais as partes interessadas só estão envolvidas no início do projeto e no final para aprovar ou rejeitar o produto ou serviço. Por ter uma colaboração constante, as alterações aos requisitos podem ser detectadas rapidamente e incorporadas às próximas iterações do projeto. Isso garantirá um produto final que está alinhado com as necessidades do cliente e do negócio

Scrum é baseado em um ciclo de vida incremental-iterativo. Seu objetivo é otimizar a previsibilidade e controlar o risco. Em Scrum cada iteração é chamada de "**sprint**" e tem uma duração fixa de 2 a 4 semanas. Durante este período, o trabalho selecionado é feito e no final de cada sprint um produto de software é obtido. Este produto fornece alguma funcionalidade esperada pelo cliente.

Para definir as funcionalidades esperadas a serem desenvolvidas no projeto, são definidos os requisitos do cliente ou do usuário. Esses requisitos são chamados de "**histórias de usuários**" e especificam, em um formato narrativo, como o cliente ou usuário irá trabalhar com o software. A priorização é feita avaliando as histórias dos usuários de acordo com o valor que eles fornecem ao negócio do cliente e o risco inerente a cada um deles. As histórias com maior valor e riscos são desenvolvidas nos primeiros sprints.

O conjunto de todas as funcionalidades que precisam ser desenvolvidas, ou seja, o conjunto de todas as histórias de usuários, é chamado de "**Product Backlog** ". O conjunto de todas as histórias a serem desenvolvidas em cada sprint é chamado de "**Sprint Backlog**".

Durante o sprint, cada membro da equipe escolhe uma história de usuário e a desenvolve. Quando terminar, ele continua com outra história de usuário e assim por diante até o final do Sprint.

Modelo Scrum

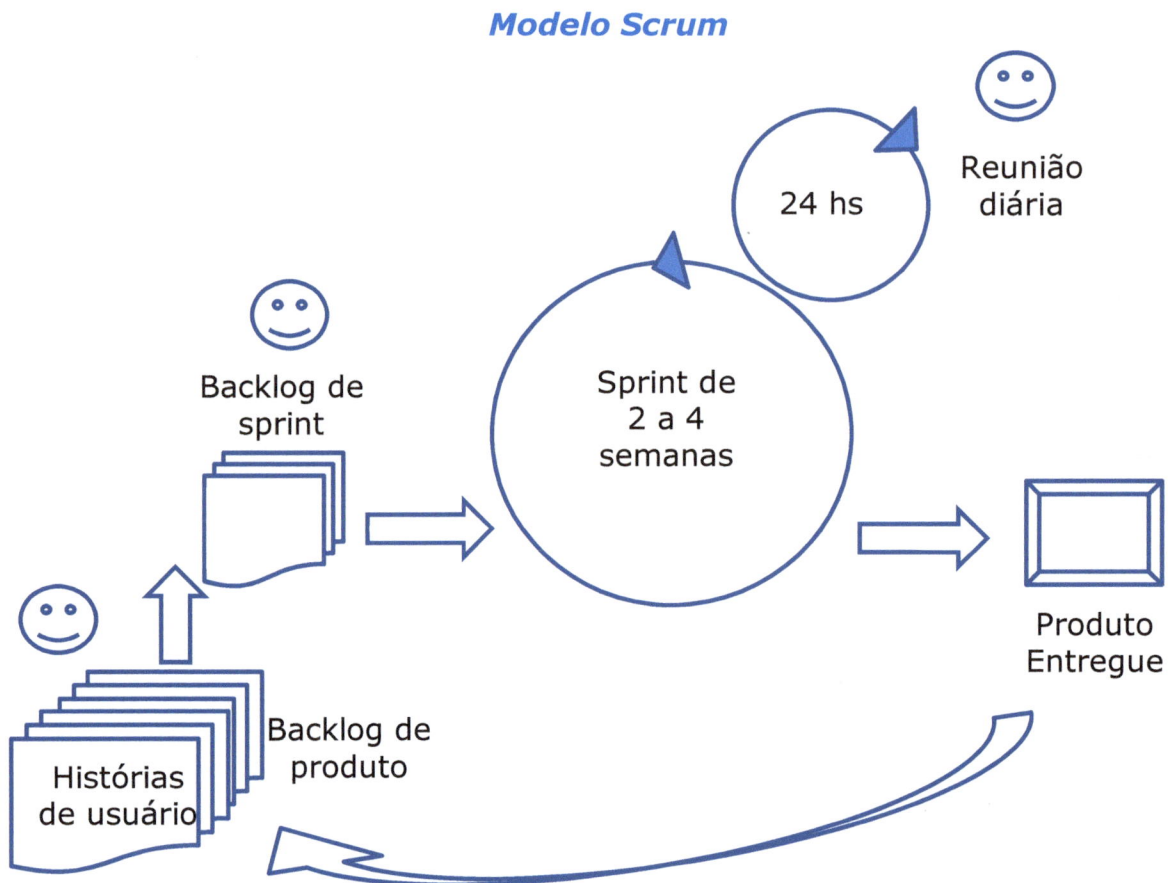

Quando o sprint chega ao prazo, haverá um produto de software para validar com o usuário ou cliente e obter feedback. A coisa notável sobre esta maneira de trabalhar é que o feedback do usuário vem em uma fase muito precoce no processo de desenvolvimento, uma vez que o sprint dura pelo menos 4 semanas. Este fato oferece uma ótima estratégia para gerenciar as expectativas das partes interessadas.

B.2 COMPONENTES DO SCRUM

O Scrum compreende em três papéis, quatro eventos e três artefatos.

Os Três Papéis do Scrum

Em projetos "Scrum" temos definidas três papéis principais: o Product Owners, o Scrum Master e a equipe Scrum.

Product Owner   Scrum Master   Equipe Scrum

O **Product Owner** é a pessoa que representa os interesses do usuário ou cliente e garante que o produto desenvolvido atende às suas necessidades. O proprietário do produto define e prioriza a funcionalidade e os recursos do produto. É responsável por determinar o valor do produto para o negócio e priorizar os recursos com base no valor que ele fornece ao negócio. O product owner também é responsável por aceitar ou rejeitar os resultados do trabalho.

O **Scrum Master** é um gerenciador de limites sendo responsável pelo processo de desenvolvimento. Ele fornece suporte para a equipe de desenvolvimento, isola-lo de interferências externas e resolver problemas que podem surgir ao longo do caminho. Isso garantirá que a equipe trabalhe adequadamente e seja altamente produtiva. Em geral, é um especialista técnico que é responsável pela arquitetura e qualidade do desenvolvimento do projeto.

A **Equipe Scrum** consiste de 5 a 9 pessoas que normalmente trabalham em tempo integral no projeto. Esta equipe integra profissionais interdisciplinares, tais como programadores, designers de interface de usuário, administradores de banco de dados e pessoal responsável por testes, entre outros. Estes membros da equipe são responsáveis pela execução do desenvolvimento do produto com a qualidade necessária. As equipes Scrum são autogeridas e têm autoridade para tomar decisões que julgarem apropriadas. Por esta razão, é necessário que os membros da equipe sejam altamente treinados e qualificados.

Estes são os três papéis principais em qualquer ambiente Scrum e são muitas vezes referidos como "**porcos**". Outros envolvidos no projeto de desenvolvimento são chamados "**galinhas**". Estas etiquetas vêm de uma história cujos protagonistas são um porco e uma galinha[9]

Estória – O porco e a galinha

Um dia, um porco e uma galinha estavam andando pela estrada. A galinha cumprimenta o porco e faz uma proposta: "Ei porco, eu estava pensando que deveríamos abrir um restaurante!"

O porco olha para a galinha e responde: "Parece uma boa ideia, e como nós chamaríamos isso?"

A galinha pensa por um tempo e responde: "Que tal 'presunto & ovos'?"

O porco pensa por um momento e diz: "Não, obrigado, eu estaria comprometido, mas você só estaria envolvida!"

Ovos com presunto

[9] Adaptado del libro "Agile Management", de C.P. Puri, Global India Publications, 2009.

Os papéis "porcos" são aqueles que estão verdadeiramente comprometidos com o desenvolvimento do projeto e do processo Scrum. Estes são os três papéis que foram definidos anteriormente: product owner, Scrum Master e Equipe Scrum.

Os papéis "frango" são aqueles que não estão diretamente envolvidos no processo de desenvolvimento, mas também são importantes para o projeto. Estes são os usuários, especialistas em negócios e outras partes interessadas que estão envolvidas e fornecem feedback ao produto após cada sprint.

Os quatro eventos do Scrum

Scrum denomina eventos como **reuniões** que ocorrem no ciclo de vida do projeto. Há quatro eventos: a reunião de planejamento do Sprint, a reunião diária do Scrum, a reunião de revisão do Sprint e a retrospectiva do Sprint.

Planejamento do Sprint

Esta reunião é realizada antes do início do Sprint. O objetivo principal é definir o trabalho a ser feito e os objetivos a serem perseguidos no Sprint. As histórias de usuário a serem incluídas no Sprint são selecionadas do Product Backlog. Este processo é baseado na priorização, dependendo do valor que as histórias fornecem ao negócio e os riscos inerentes a eles.

Reunião Diária Scrum

Esta é a reunião de acompanhamento sobre o andamento do Sprint. É feito diariamente, sempre no mesmo horário, por não mais de quinze minutos e todo mundo deve ficar em pé.

O objetivo desta reunião é analisar o progresso de cada tarefa e o trabalho planejado para o dia. Esta reunião está aberta a qualquer pessoa, mas apenas a Equipe Scrum, o Scrum Master e o Product Owner têm permissão para falar.

Cada membro responde de forma resumida três perguntas:

- O que foi feito desde a última reunião?
- O que precisa ser feito até a próxima reunião?
- Quais os impedimentos ou problemas para realizar o trabalho?

Durante a reunião diária, não se resolve os problemas, somente programam para tratar posteriormente entre as partes diretamente afetadas. Essa curta reunião evita outras reuniões diárias.

Revisão Sprint

Durante a reunião de Revisão do Sprint, a equipe apresenta o trabalho realizado durante o Sprint. A equipe prepara uma demonstração dos recursos desenvolvidos sem usar slideshows. Geralmente, todos os membros da equipe participam e todos os interessados são convidados.

Retrospectiva do Sprint

Após o final de cada Sprint a equipe se reúne para debater o que funcionou bem e que aspectos devem ser melhorados. Este evento dura 15 a 30 minutos e é chamado de Retrospectiva do Sprint.

A equipe discute e identifica:

- O que devem começar a fazer
- O que devem parar de fazer
- O que devem continuar fazendo

Os Três Artefatos do Scrum

O *Scrum* utiliza três artefatos: Product Backlog, Sprint Backlog e Gráfico de Trabalho

Backlog de Produto	Backlog do Sprint	Grafico de Trabalho

Product Backlog

O Product Backlog é o inventário de recursos que o *product owner* deseja como resultado do projeto. É priorizado de acordo com o valor que cada funcionalidade fornece ao negócio. Ele contém todos os requisitos do projeto definidos pelo Product Owner, conforme exigido pelo Cliente ou Usuário, no início do projeto e na forma de Histórias de Usuários.

Histórias de Usuários contêm uma descrição narrativa de como o usuário ou cliente irá trabalhar com o software. Essas histórias também serão usadas para planejar, estimar e priorizar o trabalho. Elas também contêm critérios de teste e aceitação que determinarão se o desenvolvimento de cada História do Usuário foi concluído. [10]

Durante o planejamento, a Equipe Scrum estimará o esforço de desenvolvimento para cada História do Usuário. Pode ser em horas ou unidades de medida chamado "Pontos da História", que indicam o seu tamanho relativo.

O Product Backlog é um documento vivo. Isso significa que recursos podem ser adicionados e removidos como resultado de mudanças emergentes nas necessidades e prioridades do negócio. Esses recursos são revisados no início de cada Sprint. O Product Backlog está disponível para todas as pessoas envolvidas no projeto. Todo mundo pode contribuir e fazer sugestões, mas o Product Owner é responsável por esse documento.

Sprint Backlog

O Sprint Backlog contém os recursos que serão desenvolvidos no atual Sprint.

Com base nas prioridades designadas pelo Product Owner, a equipe seleciona os recursos que podem ser desenvolvidos durante o período do Sprint. Esta seleção é baseada nas estimativas dessas funcionalidades e na agilidade com que a equipe trabalha em seu desenvolvimento. Essas funcionalidades selecionadas compõem o Sprint Backlog.

Durante o desenvolvimento de cada Sprint, os membros da equipe escolhem do Sprint Backlog as tarefas nas quais trabalharão. Uma vez que eles terminem o trabalho dessa tarefa, eles escolhem outra tarefa e assim por diante, até que o Sprint seja concluído.

O trabalho restante do Sprint é estimado todos os dias. Este trabalho restante é representado em um diagrama chamado Gráfico do Sprint.

Durante o desenvolvimento do Sprint, o Sprint Backlog não permite alterações ou adições, a menos que seja definido pela Equipe Scrum. Quaisquer alterações afetarão o Product Backlog e serão incorporadas aos futuros Sprints, de acordo com sua priorização.

Gráfico do Sprint (Gráfico do trabalho pendente)

O Gráfico do Sprint é um diagrama usado pela equipe para acompanhar o progresso do trabalho de cada Sprint. É um gráfico que mostra um dia-a-dia valor estimado do trabalho restante do Sprint Backlog.

No início do Sprint, o valor do gráfico representa o número de horas ou Pontos de História estimados para todas as histórias de usuários dentro do Sprint.

À medida que as histórias de usuários são desenvolvidas, horas ou pontos de história "queimados" são subtraídos, até o final do Sprint.

O objetivo de cada Sprint é chegar ao prazo, que é sempre fixo, com esse gráfico em zero. Caso contrário, haverá histórias pendentes de usuário para re-priorização para o planejamento do próximo Sprint.

B.3 COMO ADOTAR O SCRUM

Parece que algumas organizações optam por aventurar-se em metodologias ágeis em geral, e Scrum em particular, porém sem estar preparado para isso. Às vezes, as equipes de projeto adotam o Scrum por curiosidade e outras vezes porque acreditam que essas novas metodologias resolverão os problemas de seu projeto.

Em geral, essas organizações incorporam algumas das práticas do Scrum em seus projetos, tais como: Product e Sprint Backlogs, reuniões diárias e curtos intervalos de ciclos de desenvolvimento similares aos Sprints. Nesses casos, as melhorias são relativamente pequenas se ocorrerem. Além disso, essas melhorias não compensarão os problemas criados pela nova maneira de trabalhar em uma cultura organizacional que não está pronta para mudar.

Por outro lado, existem outras organizações que entendem que a mudança precisa de uma **cultura apropriada** dentro da organização. Não envolve uma modificação superficial de certas práticas que afetam apenas os programadores ou a equipe técnica.

O sucesso na adoção de um modelo de gerenciamento Scrum não depende do nível profissional e da responsabilidade do Scrum Master. Ele não depende de ter uma equipe altamente qualificada e motivada, ou os melhores Product Owners. Exige que a cultura da organização e seus projetos sejam consistentes com o modelo.

A administração precisará fornecer recursos para a implementação e operação de práticas ágeis e treinamento adequado de ambos, equipe e as partes interessadas. É crucial que os clientes ou usuários finais compreendam seu papel e a importância da participação no projeto.

A implementação e operação do Scrum deve ser continuamente **monitorada**. Isso permitirá identificar questões que afetam a equipe e que possa impedir o atingimento da meta para o Sprint. Também permite identificar práticas organizacionais ou decisões que dificultam o processo nesta metodologia Scrum.

Existem alguns problemas que surgirão durante a implementação do Scrum. Estes estão relacionados com a gestão das partes interessadas que necessitam de um plano completo e detalhado no início do projeto, uma estimativa de escopo, cronograma final e custos do projeto. Em outras palavras, eles precisam de um modelo preditivo. Se este for o caso, será necessário "convencer" a gerência sobre os benefícios do modelo antes que você possa começar qualquer trabalho.

É comum encontrar algumas deficiências de habilidades e falta de conhecimento do pessoal durante as primeiras experiências com Scrum. No modelo Scrum, **a equipe é auto gerenciada**. Isso significa que os membros da equipe devem estar altamente motivados, prontos para auto atribuir trabalho e dispostos a comprometer-se ao seu desenvolvimento. Falta de motivação, compromisso, comunicação e habilidades técnicas na equipe resultará em obstáculos para a realização de um projeto de sucesso.

Durante a adoção do Scrum, é necessário considerar que o cliente ou usuário final do produto tem que ter plena compreensão de como o escopo do projeto será gerenciado. O que isto significa? Dissemos que a definição da documentação do

Product Backlog é feita no planejamento inicial do projeto. Esses processos incluem a definição de todos os requisitos e sua documentação sob a forma de histórias de usuários. Os clientes podem esperar que todas as histórias definidas serão desenvolvidas durante o período estabelecido para o projeto. No entanto, isso pode não ser verdade. À medida que o projeto progride e as mudanças forem bem-vindas, as histórias de usuários que oferecem maior valor para o negócio serão incluídas nos Sprints seguintes. Pode acontecer que algumas das histórias definidas no início não estejam incluídas no produto final ou pelo menos na versão atual do produto. Se o cliente não estiver ciente desse detalhe, ele normalmente espera que todos os recursos definidos no Product Backlog sejam desenvolvidos, bem como todas as mudanças que surgiram durante o curso do projeto. Essa situação gerará conflito e insatisfação do cliente

Uma maneira de demonstrar o valor do modelo Scrum é começar com a implementação de suas práticas em um projeto piloto. Recomenda-se que o projeto selecionado seja crítico para o negócio, a fim de demonstrar os benefícios de fornecer recursos com agilidade. É importante considerar a formação de todos os participantes, clientes e usuários-chave do modelo. Eles são os que irão apoiar e testemunhar os benefícios.

A adoção do Scrum é um esforço da empresa em todas as suas dimensões.

Anexo C - KANBAN

Nunca desista de um sonho.
Apenas tente ver os sinais que o levam a isso.
PAULO COELHO (1947-?)
Escritor brasileiro

Autor: Esteban Zuttion, MBA, CSDP (IEEE)
Engenheiro em Sistemas
Gerente de TI - Neuralsoft

C.1 INICIO DE KANBAN

Kanban significa **sinal ou quadro** em japonês. É o nome dado ao mecanismo implementado através de um cartão que flui desde o momento em que uma ordem é recebida até que o trabalho seja concluído. O cartão Kanban contém todas as informações necessárias para que cada ponto intermediário do processo saiba qual tarefa precisa processar.

Kanban é usado como uma parte essencial de Lean, que surgiu na década de 1940 como um paradigma de produção introduzido pela Toyota no Japão. Baseava-se numa oposição aos esquemas de produção em massa dos grandes fabricantes americanos. O desafio era conseguir baixos custos de produção, porque naquela época, as pessoas no Japão não tinham muitos recursos e o país tinha um mercado muito menor quando comparado com as empresas americanas. Estas empresas americanas eram baseadas em linhas de produção em massa, onde construíram carros em grande volume para o mercado e, como resultado, isso permitiu a custos consideravelmente mais baixos. O desafio para a Toyota era abaixar os custos de produção, mas com volumes muito mais baixos.

Como resultado desta necessidade, o Sistema de Produção Toyota nasceu e foi concebido por Taiichi Ohno.

Quais foram os resultados?

Através da introdução inovadora de produção, a indústria japonesa conseguiu uma redução de 50% no esforço de engenharia e conseguiu reduzir o tempo de produção em um terço quando comparado com as abordagens tradicionais. Estes resultados demonstraram que as mudanças nos estágios finais de produção foram melhores do que as mudanças feitas durante a fase de projeto.

Para reduzir os custos de produção, as empresas americanas desenvolveram seus processos de produção em série e permitiram pouca participação dos fornecedores. Como resultado, essas empresas tiveram longos processos de produção para integrar as necessidades dos usuários nas fases iniciais do processo e incorporar mudanças no início do processo. Por outro lado, as empresas japonesas honraram o rápido desenvolvimento, encurtando o ciclo de produção e deixando as decisões de design para os estágios finais de desenvolvimento.

"Não tome uma decisão sobre o que será desenvolvido até que você tenha uma ordem. Em seguida, projetar o produto o mais rápido possível "

O modelo seguido pelas empresas japonesas foi Desenvolvimento Lean e foi adotado por várias empresas em todo o mundo no final dos anos 90.

C.2 PRINCIPIOS DO DESENVOLVIMENTO LEAN

Estes são os princípios utilizados pelo Desenvolvimento Lean:

- **Eliminação de resíduos:** qualquer coisa que não agrega valor ao cliente é considerada um desperdício. Por exemplo: espera ou atraso, armazenamento provisório, transporte, passo extra, etc.
- **Amplificar o aprendizado:** gerar ciclos curtos que proporcionem oportunidades de aprendizagem para a tomada de decisões e a melhoria no ciclo.
- **Tomar decisões de projeto o mais tarde possível:** desenvolvimento simultâneo sobre desenvolvimento sequencial.
- **Execute as entregas o mais rápido possível:** reduzindo o trabalho em andamento, oferecendo rapidez e reduzindo o risco. Implementação de um sistema "Pull".
- **Dar poder à equipe:** para conseguir uma equipe motivada com liderança sobre gerenciamento controlado.
- **Desenvolver um produto robusto e abrangente:** balanceamento entre funcionalidade, usabilidade, confiabilidade e economia para atingir a satisfação dos usuários.

- **Veja o todo:** visão sistêmica do processo de desenvolvimento com sistemas dinâmicos e o uso de medições.

O mecanismo chamado Kanban se origina dentro do que Lean propõe como "Sistema Pull " e sob o uso dos conceitos de "Just in Time". Ele serve como base para a coordenação do trabalho dos funcionários da empresa. Ele também ajuda como um todo o mecanismo de relacionamento com os fornecedores das peças necessárias para fazer os produtos encomendados.

C.3 KANBAN NO DESENVOLVIMENTO DE SOFTWARE

O processo de desenvolvimento de software pode ser visto sob os mesmos padrões usados para analisar um processo de produção, como os implementados pelas montadoras japonesas nas últimas décadas.

O uso de "Kanban" no desenvolvimento de software é implementado através de um quadro exibindo as "ordens de serviço" a serem processadas.

A realizar	Realizando	Finalizada
Tarefa a	Tarefa c	Tarefa f
Tarefa b	Tarefa d	Tarefa g
	Tarefa e	Tarefa h

Este quadro implementa a lista de solicitações "a realizar" (backlog) do que precisa ser processado. Esses recursos são semelhantes aos descritos para Scrum, onde os pedidos são implementados em cartões e gerenciados por meio de um quadro. A partir deste quadro, os membros da equipe "retiram" (puxam) os pedidos que serão processados e trabalhados até a conclusão.

Desenvolvimento do Processo

O processo de desenvolvimento pode ser visto como um sistema de filas (work-lists) que ocorrem em momentos diferentes durante o processo. Essas filas ou listas armazenam ordens de serviço ou solicitações entre as diferentes fases do ciclo de desenvolvimento. Quando essas filas de trabalho começam a crescer, diminuindo as tarefas, os tempos de ciclo de desenvolvimento começam a se esticar e a conclusão do pedido é adiada. Os problemas que causam o atraso podem incluir uma sobrecarga de trabalho em uma fase do ciclo. Por exemplo, pode acontecer que durante a análise, seja necessário terminar algumas "partes" do produto para prosseguir com o processo. Isso pode implicar, por exemplo, preencher a lista de casos de teste para uma solicitação para iniciar com o teste.

Como visto antes, um dos princípios Lean é reduzir o ciclo de trabalho. Neste contexto, o desafio se traduz em como minimizar essas "filas" de ordens intermediárias para que a operação flua dinamicamente sem diminuir o ciclo de desenvolvimento. Para descobrir até que ponto este objetivo está sendo alcançado, Lean e Kanban propõem o uso de uma métrica específica chamada Tempo de Ciclo. É claro que o desafio é chegar ao menor tempo possível para este indicador.

Seguindo a teoria da fila, há dois aspectos a serem analisados para medir a eficiência do fluxo de trabalho. O primeiro é medir as entradas de cada fila por quantas unidades estão chegando por unidade de tempo. O segundo aspecto é medir o tempo de serviço pelo número de unidades processadas por unidade de tempo. Uma forma de neutralizar uma proporção significativa de entradas é agrupando um pequeno grupo de pedidos para serem entregues rapidamente. Portanto, a fila de entrada ou de chegada não consegue acumular muitos pedidos. Se isso não for feito, o processamento pode levar muito tempo (se os lotes forem grandes) e as filas ou linhas ficarão mais longas

O outro aspecto para se controlar é o tempo de serviço. Se olharmos para o nosso caso de desenvolvimento de software, serão as atividades inerentes ao desenvolvimento. Para acelerar o ciclo de desenvolvimento, o tempo gasto em cada instância de processo será crucial. Quaisquer "processadores" que trabalham com um menor nível de resposta do que outros irão causar um aumento na sua fila e retardar o processo de desenvolvimento. O ciclo pode ser visto como um fluxo de trabalho onde cada etapa do produto acrescenta valor ao produto encomendado até que se torne um produto final que agrega valor ao usuário (software final).

Quadro de Trabalho

O quadro proposto em Kanban tem as seguintes características:

- Um quadro que permite visualizar o fluxo de trabalho de forma clara e completa.
- O trabalho é dividido em blocos, que como estágios através dos quais um pedido passa de um para outro quando completo.

Solicitações	Análise	Desenvolvimento	Finalizadas

O uso do quadro tenta controlar dois aspectos fundamentais do processo:

- Trabalhos em andamento, que atribuem valores específicos de quanto o trabalho está em andamento para cada estágio durante o ciclo de desenvolvimento. Essa visão permite que cada estação de trabalho se concentre em um número finito e pequeno de atividades simultâneas. Isso levará a trabalhar rapidamente com pequenos lotes, para reduzir o tempo desperdiçado e para alcançar ciclos de desenvolvimento mais curtos.
- O tempo médio que leva o processo para completar um elemento.

Benefícios de Kanban

O que Kanban adiciona ao processo de desenvolvimento de software?

- Exibe todo o fluxo de trabalho em andamento.
- Identifica as atividades de "estrangulamentos" que estão retardando a fabricação de produtos e retardando o início da produção de software.
- Permite a aprendizagem contínua da equipe trabalhando de forma integrada.
- Permite que a equipe gerencie suas ações. Os membros da equipe são os que puxam as ordens para avançar para o fluxo de trabalho.

Axioma Perseguido:

- Como procuramos entregar o valor rapidamente, nós queremos limitar a quantidade de trabalho a ser feito em todas as vezes.
- Queremos terminar os itens antes de começar novos.

Procura-se eliminar itens desnecessário e o tempo gasto esperando. Exemplos:

- Certa funcionalidade é solicitada e é adicionada à lista de demandas a serem desenvolvidas. Quanto tempo gasta esse pedido na lista sem ser liberado?
- Um pedido é analisado. Quanto tempo até que seja avaliado e alocado para o seu desenvolvimento?
- Uma vez desenvolvido, está pronto para testes. Quanto tempo até que seja testado?
- Erros encontrados. Quanto tempo gasta antes de serem corrigidos?
- O produto está pronto. Quanto tempo até que seja implantado em produção?

Se eliminarmos estes tempos, poderíamos garantir:

- Que o produto encomendado está em produção e agregando valor ao cliente mais rapidamente.
- Poderíamos puxar outro item e iniciar seu processamento mais rápido.
- Nós seríamos capazes de endereçar e entregar muitos mais pedidos na mesma quantidade de tempo.

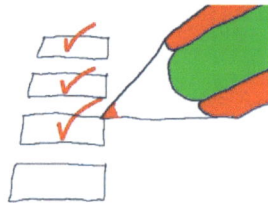

Porque KanBan?

As diretrizes Kanban são seguidas para:

- Não construir produtos que ninguém precisa neste momento.

- Não escrever mais especificações do que aquelas que podem ser codificadas.

- Não escrever mais código do que o que pode ser testado.

- Não testar mais código do que o que será entregue

Custo produzido por atraso (perdas)

Como discutido anteriormente, um dos pilares do Kanban refere-se à redução de perdas. No entanto, como interpretamos as perdas no processo de desenvolvimento de software?

Os aspectos que produzem atrasos no desenvolvimento são:

- Retrabalho: defeitos, erros, etc.
- Custos de funcionamento: planejamento, nova versão, treinamento, etc.
- Custo da coordenação: calendários, recursos, etc.

O uso de Kanban pretende minimizar estes custos através de:

- Trabalhar em pequenos lotes de pedidos solicitados, rapidamente desenvolvidos e apoiar potenciais mudanças durante todo o seu ciclo de trabalho. A introdução destas alterações no produto pode minimizar os custos associados. Este processo é projetado de forma que a identificação e implementação de mudanças é um processo transparente com baixo impacto no produto.

- Ao trabalhar em produtos de baixo volume "em processo", o esforço exigido pelas tarefas administrativas, planejamento e controle é mínimo. Ele precisa apenas focar o controle de dois parâmetros: o tempo de ciclo e as solicitações máximas que podem ser processadas por status de ciclo. O processo a ser seguido é muito simples, não precisa de treinamento importante e a criação de valor é contínua. Isto resulta em um impacto mínimo no ambiente de trabalho do requerente.

Dinâmica de trabalho

O fluxo de trabalho é contínuo, como é proposto pelo fluxo de produção.

As solicitações estão chegando à lista onde elas são priorizadas. A equipe vai "puxar" da lista de pedidos aqueles a serem trabalhados.

Essas solicitações irão fluir através do fluxo de trabalho definido. A equipe controla que os limites definidos não sejam excedidos. Se um limite for alcançado em qualquer etapa, a equipe se preocupa em resolver os estrangulamentos em relação a aceitar novos pedidos.

Como as atividades são coordenadas?

- Primeiro, através de um quadro visível para toda a equipe.
- Em seguida, através de reuniões de monitoramento rápido onde um facilitador controla os seguintes aspectos:
  - O quadro representa a realidade?
  - Existe um pedido de bloqueio do progresso do trabalho?
  - Há algum estrangulamento em qualquer estágio?
  - O processo está próximo de passar algum limite definido?
- Após a reunião, os indicadores (tempo de resposta e ciclo) e o quadro são atualizados.

Indicadores

Os dois indicadores Kanban mais populares são o tempo médio de resposta (lead time) e o tempo de ciclo.

O tempo de resposta começa quando o cliente faz um pedido e termina quando ele é entregue e está pronto para uso. É medido em tempo e não esforço. Enquanto isso, o tempo de ciclo começa quando o trabalho é iniciado no pedido e termina quando ele está pronto para ser entregue.

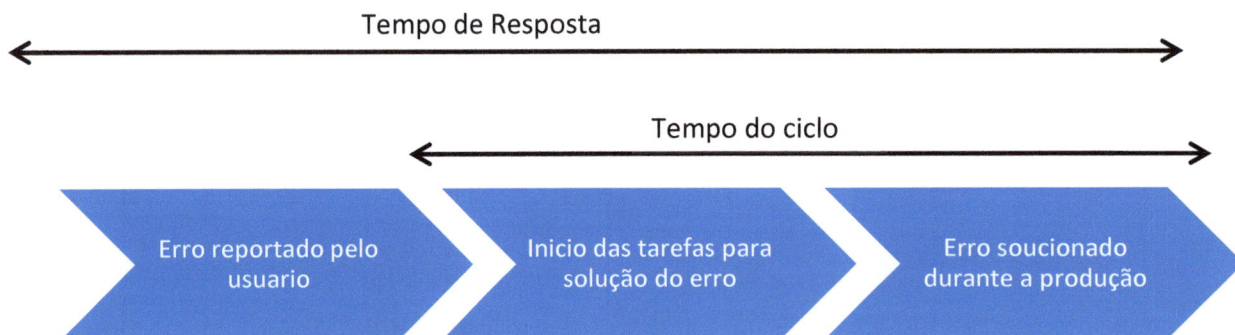

Tempo de Resposta

Tempo do ciclo

Erro reportado pelo usuario

Inicio das tarefas para solução do erro

Erro soucionado durante a produção

Outro aspecto conhecido para controlar o desempenho do processo é chamado *throughput*. Esta é a razão entre as entregas de valor feitas ao cliente durante a produção. Este indicador combina tempo de resposta e ciclo. Indica o número de funcionalidades que podem ser executadas em um determinado tempo

Como reduzir o ciclo de tempo?

Através das seguintes ações:

- Reduzir o número de solicitações que estão "em processo".

- Melhorar a produtividade ou o tempo de resolução nas diferentes fases (tempo de processamento).

- Redução de retrabalho.

- Obter visibilidade adequada de todos os aspectos que bloqueiem o trabalho.

- Obter cada pedido para ter um tamanho adequado que pode ser gerenciado de forma ágil e que possa agregar valor ao cliente. Isso é conhecido como o recurso MMF ou Minimal Markable. Estes MMFs são divididos em histórias, pedidos cuja informação é organizada em cartões (Kanban) e Tarefas, para ser administrado através de um quadro como visto acima.

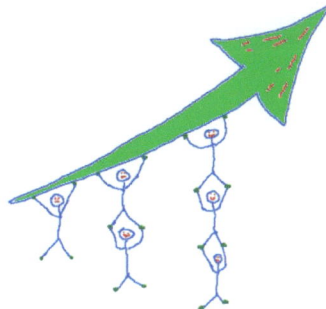

C.4 CONCLUSÃO SOBRE KANBAN

Kanban é um dos quadros que seguem os princípios do manifesto ágil.

Ao contrário de outras abordagens, Kanban alinha mais com uma ideia de fluxo de trabalho contínuo, onde cada pedido é priorizado separadamente e, em seguida, desenvolvido. Em contraste, como Scrum, incorpora o conceito de agrupar lotes por funcionalidade e define prazos fixos para entrega.

Kanban é um excelente modelo a ser incorporado em casos com as seguintes características:

- Cada pedido requer uma resposta rápida.

- O processamento contínuo é necessário, não apenas em períodos de tempo definidos.

- Uma equipe que pode ser capaz de autogerir o seu trabalho e tomar decisões, a fim de acelerar o tempo e entregas.

- As características e as modificações serão incorporadas em fases posteriores ao ciclo de desenvolvimento.

BIBLIOGRAFIA

BUTTRICK, Robert. (2010) Project Workout. Prentice Hall, New York.

COHN, Mike. (2004) User Stories Applied for Agile Software Development, Addison –Wesley, Boston

DAILEY, Kenneth. (2005) The Lean Manufacturing Pocket Handbook, Free Press, New York.

GEORGE, Michael M. (2005) The Lean six Sigma. Mc Graw Hill, New York.

GOODPASTURE John C. (2010) Project Management the Agile Way: Making It Work in the Enterprise. Ross Publishing, Florida

GONÇALVES Marcus (2010) Fundamentals of Agile Project Management: An Overview. Asme Press, New York.

HIGHSMITH James A. (2009) Agile Project Management: Creating Innovative Products. Adisson Wesley, New York

KNIBERG Henrik (2010) Kanban and Scrum - making the most of both. InfoQ, USA

LIKER, Jeffrey. (2004) The Toyota Way: 14 Management Principles From The World's Greatest Manufacturer. Free Press, New York.

MANTEL, Meredith. (2006) Project Management: A managerial approach. John Wiley & Sons, New Yersey.

MASCITELLI, Ronald. (2011) Mastering Lean Product Development: A Practical, Event-Driven Process for Maximizing Speed, Profits, and Quality.

MASCITELLI, Ronald. (2006) The Lean Product Development Guidebook: Everything Your Design Team Needs to Improve Efficiency and Slash Time to Market. Technology Perspectives. Technology Perspectives, California.

MASCITELLI, Ronald. (2002) Building a Project-Driven Enterprise: How to Slash Waste and Boost Profits through Lean Project Management. Technology Perspectives, California.

PRITCHARD, Carl. (2010) Risk Management: Concepts and Guidance 4th edition. ESI International, Virginia.

Project Management Body of Knowledge (PMBOK Guide). (2013) Project Management Institute, Pensilvania.

PURI, C. P. (2009) Agile Management: Feature Driven Development, Global India Publications, Nueva Delhi.

WOMACK, James P.; JONES, Daniel T.; ROOS, Daniel. (2010) Lean Thinking: Banish Waste and Create Wealth in Your Corporation, Revised and Updated. Free Press, New York.

WOMACK, James P.; JONES, Daniel T.; ROOS, Daniel. (2007) The Machine That Changed the World : The Story of Lean Production. MIT Press.

WOMACK, James P.; JONES, Daniel T. (2005), Lean Solutions: How Companies and Customers Can Create Value and Wealth Together. Free Press, New York.

SCHWABER Ken (2004) Agile Project Management with Scrum. Microsoft Press, Washington

GESTÃO LEAN E AGIL DE PROJETOS

Como ser mais ágil em nossos projetos?

As filosofias lean e ágeis são termos que definem técnicas modernas para tornar nossos projetos rápidos e eficientes, sem adicionar custos ou reduzir a qualidade.

Os cinco princípios do pensamento enxuto têm sua origem durante a década de 90 na indústria automotiva japonesa. Esta abordagem ajuda a melhorar a eficiência em projetos de produção em massa, concentrando-se em agregar valor ao cliente e remover resíduos do fluxo de valor do projeto.

Dez anos depois, o Manifesto para Desenvolvimento de Software Ágil e seus doze princípios ágeis se popularizaram. Essas ideias propõem não ser muito rigorosas com planos e processos, podendo mudar permanentemente e precisamos ser flexíveis com o cliente, a fim de se adaptar rapidamente a essas mudanças, se quisermos entregar os produtos que nos foram solicitados.

A partir dessas duas correntes de pensamento, na produção em massa e outra em projetos de software, neste livro vamos desenvolver ideias 100% práticas para melhorar a eficiência e a oportunidade de qualquer tipo de gestão de projetos. Além disso, alguns dos conceitos nos permitirá tornar-nos líderes mais ágeis em nossas atividades diárias.

O autor, Pablo Lledó, escreveu oito livros sobre Gestão de Projetos. O autor afirma que os benefícios da leitura deste livro são:

- Compreender a filosofia lean-ágil de uma maneira muito simples.

- Conhecer lições de mais de 20 casos reais.

- Ganhar conhecimento através de mais de 10 exercícios práticos.

- Economizar tempo e dinheiro quando comparado com outros livros.

Ser um melhor gestor de projetos.

Pablo Lledó é PMP, Master of Science in Project Analysis (University of York), MBA em Gestão de Projetos (Universidad Francisco de Vitoria), MBA em Negocios Internacionais (Universitat de Lleida) e Graduado em Economia (Universidad Nacional de Cuyo).

Já capacitou mais de 15.000 executivos de empresas internacionais ao redor do mundo, atua como Diretor de **Pablolledo.com LLC** e recebeu o prêmio internacional PMI Contribution Award.

www.pablolledo.com

www.ingramcontent.com/pod-product-compliance
Lightning Source LLC
Chambersburg PA
CBHW041442210326
41599CB00004B/103